Gestão da inovação

PUBLICAÇÕES
FGV Management

GESTÃO EMPRESARIAL

Gestão da inovação

Newton Meyer Fleury
Luiz Lourenço de Mello Filho

FGV EDITORA IDE

Direitos desta edição reservados à
FGV EDITORA
Rua Jornalista Orlando Dantas, 9
22231-010 | Rio de Janeiro, RJ | Brasil
Tel.: 21-3799-4427
editora@fgv.br | www.editora.fgv.br

Impresso no Brasil / *Printed in Brazil*

1ª edição: 2021

Preparação de originais: Sandra Frank
Editoração eletrônica: Abreu's System
Revisão: Michele Mitie Sudoh
Capa: aspecto:design

Dados internacionais de Catalogação na Publicação
Ficha catalográfica elaborada pelo Sistema de Bibliotecas/FGV

Fleury, Newton Meyer
Gestão da inovação / / Newton Meyer Fleury e Luiz Lourenço de Mello Filho – Rio de Janeiro : FGV Editora, 2021.
172 p.

Publicações FGV Management.
Área : Gestão empresarial.
Inclui bibliografia.
ISBN: 978-65-5652-136-7

1. Desenvolvimento organizacional. 2. Gestão do conhecimento. I. Mello Filho, Luiz Lourenço. II. Fundação Getulio Vargas. III. Título.

CDD – 658.406

Elaborada por Rafaela Ramos de Moraes – CRB-7/6625

Aos nossos alunos,
colegas docentes e aos gestores, que nos
inspiram para avançarmos no conhecimento.

Sumário

Apresentação

Este livro compõe as Publicações FGV Management, programa de educação continuada da Fundação Getulio Vargas (FGV).

A FGV é uma instituição de direito privado, com mais de meio século de existência, gerando conhecimento por meio da pesquisa, transmitindo informações e formando habilidades por meio da educação, prestando assistência técnica às organizações e contribuindo para um Brasil sustentável e competitivo no cenário internacional.

A estrutura acadêmica da FGV é composta por escolas e institutos, todos com a marca FGV, trabalhando com a mesma filosofia: gerar e disseminar o conhecimento pelo país.

Dentro de suas áreas específicas de conhecimento, cada escola é responsável pela criação e elaboração dos cursos oferecidos pelo Instituto de Desenvolvimento Educacional (IDE), criado em 2003 com o objetivo de coordenar e gerenciar uma rede de distribuição única para os produtos e serviços educacionais da FGV.

Este livro representa mais um esforço da FGV em socializar seu aprendizado e suas conquistas. Foi escrito por professores da FGV, profissionais de reconhecida competência acadêmica e prática, o que torna possível atender às demandas do mercado, tendo como suporte sólida fundamentação teórica.

A FGV espera, com mais essa iniciativa, oferecer a estudantes, gestores, técnicos e a todos aqueles que têm internalizado o conceito de educação continuada, tão relevante na era do conhecimento na qual se vive, insumos que, agregados às suas práticas, possam contribuir para sua especialização, atualização e aperfeiçoamento.

Rubens Mario Alberto Wachholz
Diretor geral do Instituto de Desenvolvimento Educacional

Sylvia Constant Vergara
Coordenadora das Publicações FGV Management

Introdução

Inovar é cada vez mais necessário, constituindo a principal e às vezes a única forma de as empresas se manterem competitivas no mercado.

De modo geral, como postulado por Tidd, Bessant e Pavitt (2015:ix):

> As empresas inovadoras crescem a uma velocidade duas vezes maior, tanto em emprego como em vendas, em comparação com as que não inovam. Sabemos que as organizações que têm sucesso consistentemente na gestão da inovação se saem melhor do que as outras, sobretudo em parâmetros como crescimento, desempenho financeiro e emprego.

Esse potencial de inovar se acentua diante das cada vez mais aceleradas e radicais mudanças propiciadas pelas tecnologias da informação e da comunicação, como a inteligência artificial e a expansão e democratização do acesso às tecnologias e às informações, e pelo surgimento de novos entrantes no mercado na forma de *startups*.

Entretanto, a gestão da inovação não é um empreendimento fácil e requer competências e conhecimentos muito distintos das ferramentas e experiências administrativas mais comuns. Isso porque o sistema de inovação, em uma perspectiva macro, envolve outros aspectos além do *design* organizacional e da inovação de processos e produtos: a legislação, o relacionamento entre empresas e setores, universidades e centros de pesquisa, entre outros fatores que vão além dos aspectos internos de uma organização.

Assim, a constituição de um sistema de inovação é uma questão complexa sob múltiplas dimensões: o cliente deve estar no centro da equação do problema; pensar como investidor ajuda no desenvolvimento do processo, ideias inovadoras podem surgir em qualquer parte da organização ou no ambiente externo do qual ela faz parte e inovar é um processo de cooperação e compartilhamento entre pessoas e comunidades.

Tudo isso inserido no contexto do ambiente das tecnologias da informação e da comunicação, apoiado em instrumentos de aprendizado como a inteligência artificial, bases de dados multidimensionais e com a presença dos "trabalhadores digitais" – os robôs – como ferramentas de produtividade e inovação.

Para que o processo tenha efetividade, porém, é importante que a inovação e o sentido de sua aplicação sejam compreendidos de forma ampla, por meio de uma estratégia que deve ser vista por diversas perspectivas.

O presente livro se propõe a tratar o sistema de inovação delimitado ao contexto organizacional, e para tal é dividido em seis capítulos.

O primeiro capítulo – "Inovação organizacional como recurso estratégico" – remete a conceitos básicos sobre a inovação no ambiente das empresas: por que ela é considerada um recurso estratégico, quais são seus principais elementos e modalidades. Mostra ainda a estreita relação que existe entre as dimensões da inovação e conhecimento e como o processo de gestão integrada dessas dimensões contribui para a sustentação e a efetividade dos negócios.

O segundo capítulo – "Ativos intangíveis: recursos estratégicos para diferenciação e inovação dos negócios" – trata dessa nova espécie de ativos que, como definidos por Verna Allee (2003), constituem uma nova fronteira para a geração de riqueza nas organizações, embasada em três pilares fundamentais:

- informação, conhecimento e inteligência;
- tecnologias da informação e da comunicação; e
- pessoas e times de alto desempenho.

O terceiro capítulo – "Transformação digital no contexto da inovação" – desenvolve uma reflexão sobre as tecnologias mediadoras envolvidas nas comunicações e o conceito de objeto de fronteira como um elemento para a mediação e a implementação de práticas informacionais digitais entre diferentes comunidades de conhecimento.

Trata ainda da presença dos "trabalhadores digitais", os robôs, como ferramentas de produtividade e inovação das organizações, salientando essas aplicações de *software* que permitem automatizar diversas atividades do dia a dia das organizações, quando estas envolvem alto volume de dados e o sequenciamento de operações repetitivas e de baixa intensidade de conhecimento.

O quarto capítulo – "Gestão do conhecimento e sua importância estratégica para a inovação" – trata das relações existentes entre os processos e práticas da gestão do conhecimento e seus impactos no processo de inovação organizacional, tendo como referência pesquisas que constatam que elas têm contribuição significativa para as ações de inovação.

Considerando ser o conhecimento um recurso-chave para a inovação das empresas, postula-se aqui que se faz necessária sua gestão, por meio de um conjunto de processos e práticas apoiados em métodos e tecnologias.

O quinto capítulo – "Estratégias e práticas de gestão da inovação" – discute em que consiste a inovação e o sentido de sua aplicação no contexto das organizações, buscando entender e apresentar estratégias, processos e práticas que são adotados para sua consecução.

O sexto capítulo – "Sistema de inovação e cultura organizacional" – apresenta os procedimentos de inovação que transcendem o redesenho de processos e produtos e o uso de novas tecnologias, envolvendo implicações na cultura organizacional das empresas.

Finalmente, no contexto do conjunto da obra, o que se pretende salientar é que a implementação de ambientes de inovação é uma empreitada que, para dar certo, envolve vários fatores integrados: depende de lideranças que assumam a responsabilidade por motivar as pessoas e por "fazer acontecer" as iniciativas; do estabelecimento de vínculos efetivos com as estratégias do negócio; da existência de uma "cultura de compartilhamento" entre as pessoas; da disponibilidade de métodos e tecnologias pertinentes e da formulação de caminhos adequados para o alcance dos objetivos estabelecidos.

1
Inovação organizacional como recurso estratégico

A inovação organizacional, quando pensada como um recurso estratégico nas organizações, pode ser vista em dois planos distintos:

- de um lado, envolve a criação de algo novo, que se torna útil, desejado e aplicado;
- de outro, preocupa-se em projetar e implementar deliberadamente alterações ou incrementos nos produtos, serviços, estruturas ou processos.

A importância de tais mudanças, e do aprendizado de seus quadros em geral, para as organizações é que o contexto de negócios enfrentado pela maior parte das empresas exige que, para que elas permaneçam competitivas, um ou os dois planos salientados sejam contemplados.

Neste capítulo, discute-se em que consistem a inovação, bem como o sentido de sua aplicação nas organizações. O objetivo é entender por que essas mudanças são consideradas um recurso-chave para a sustentação e competitividade dos negócios, e como inseri-las no processo de gestão estratégica.

Ainda, o capítulo remete à discussão dos elementos fundamentais propulsores da inovação e suas modalidades, tendo como fundamento as principais abordagens encontradas na literatura.

O conceito de inovação e o sentido estratégico da sua aplicação

A inovação é um conceito aplicado a diversas atividades, visando buscar algo novo, diferente, no contexto das organizações e no âmbito de suas relações internas e externas.

Entretanto, embora reconhecida como um dos principais diferenciais competitivos na economia baseada no conhecimento, "ainda não existe para esse termo uma definição que seja aceita amplamente em todos os círculos acadêmicos" (Narcizo et al., 2012:378).

Para entender o conceito de inovação e seu papel estratégico nas organizações, foram tomadas aqui como base as considerações de alguns autores e publicações que trataram do tema.

Segundo Paiva et al. (2018), o termo "inovação" ganhou popularidade no domínio da economia com o economista Joseph Schumpeter (2012), em seu livro *Teoria do desenvolvimento econômico*.

Ainda segundo esses autores, para Schumpeter, "o termo inovação não se reduz pura e simplesmente àquilo que é novo ou a alguma novidade vendável. Muito mais do que isto, a inovação é o principal mecanismo pelo qual o capitalismo se desenvolve" (Schumpeter, 2012 apud Paiva et al., 2018:156).

A teoria sobre a inovação, quando aplicada aos negócios, tornou-se uma discussão ampliada no meio acadêmico e empresarial a partir da publicação, em 1997, do livro *O dilema da inovação* (Christensen:2012).

Para ele, inovação é uma mudança no processo pelo qual uma organização transforma trabalho, capital, matéria-prima ou informação em produtos e serviços de valor maior.

Christensen (2013) ainda apresentou o conceito de *job to be done* em seu livro *The innovator's solution*, em que preconizou o que ele considerava um preceito essencial em um processo de inovação: não venda produtos e serviços para os clientes, mas, em vez disso, tente ajudar as pessoas a lidar com suas tarefas a serem realizadas.

Dessa forma, ele propôs um roteiro para a inovação centrada nos clientes, oferecendo às empresas uma forma de entender efetivamente aquilo de que elas necessitam, permitindo-lhes projetar e implementar soluções para problemas concretos. Posteriormente, com Anthony, Berstell e Nitterhouse (2007), desenvolveu o mesmo conceito no artigo "Finding the right job for your product".

A maioria das empresas segmenta seus mercados por dados demográficos do cliente ou características do produto e diferencia suas ofertas adicionando recursos e funções. Mas o consumidor tem uma visão diferente do mercado. Ele simplesmente tem uma tarefa a ser realizada (*job to be done*) e está procurando "contratar" o melhor produto ou serviço para realizá-la (Christensen et al., 2007).

A partir das proposições de Christensen et al. (2007), outros autores e instituições caminharam na trilha do estudo da inovação aplicado às organizações, conforme se segue.

O Manual de Oslo (OCDE, 2006) traz a seguinte definição de inovação:

> Implementação de um produto, bem ou serviço novo ou significativamente melhorado, ou de um processo, ou de um novo método de marketing, ou de um novo método organizacional nas práticas de negócios, na organização do local de trabalho ou nas relações externas (Stefanovitz, 2011:10).

O Manual de Oslo é uma metodologia desenvolvida pela Organização para Cooperação Econômica e Desenvolvimento (OCDE) que "visa prover um conjunto de definições coerentes e, na medida do possível, precisas sobre os distintos tipos de inovações, atividades de inovação e, por conseguinte, empresas inovadoras" (OCDE, 2006:54).

Nessa linha, contempla essencialmente as inovações tecnológicas em produtos e processos. O termo "produto" é usado para cobrir tanto bens como serviços, podendo assumir duas formas abrangentes: produtos tecnologicamente novos e produtos tecnologicamente aprimorados.

De acordo com o manual:

> Um produto tecnologicamente novo é um produto cujas características tecnológicas ou usos pretendidos diferem daqueles dos produtos produzidos anteriormente. Tais inovações podem envolver tecnologias radicalmente novas, podem basear-se na combinação de tecnologias existentes em novos usos, ou podem ser derivadas do uso de novo conhecimento (OCDE, 2006:55).

No âmbito da inovação em processos estão contemplados aspectos relacionados a "como" e a "com o que fazer", como definido no mesmo documento:

> Inovação tecnológica de processo é a adoção de métodos de produção novos ou significativamente melhorados, incluindo métodos de entrega dos produtos. Tais métodos podem envolver mudanças no equipamento ou na organização da produção, ou uma combinação dessas mudanças, e podem derivar do uso de novo conhecimento (OCDE, 2006:56).

Os métodos podem ter por objetivo produzir ou entregar produtos tecnologicamente novos ou aprimorados, que não possam ser produzidos ou entregues com os métodos convencionais de produção, ou pretender aumentar a produção ou a eficiência na entrega de produtos existentes.

Ainda em relação ao significado de inovação, conforme Tidd, Bessant e Pavitt (2015:19), "no sentido mais amplo, o termo deriva do latim *innovare*, que significa 'fazer algo novo'. Na nossa visão, a inovação é o processo de transformar as oportunidades em novas ideias que tenham amplo uso prático".

Finalmente, ao tratar do tema inovação, Kim e Mauborgne (2019), em sua obra *A estratégia do oceano azul*, remetem ao conceito de inovação de valor, "uma nova maneira de raciocinar sobre a execução da estratégia, que resulta na criação de um novo espaço de mercado e no rompimento com a concorrência" (Kim e Mauborgne, 2019:37).

As definições precedentes levam à percepção de algumas características da inovação encontradas no âmbito das empresas:

- processo orientado para a busca de "algo novo", associado ao aproveitamento de oportunidades detectadas com uso prático bem claro;
- contexto ampliado, contemplando bens ou serviços, processos de trabalho e métodos associados a funções específicas, como o marketing, entre outros aspectos;
- associação a uma proposta de valor vinculada a produtos, serviços ou processos.

Nessa linha, entende-se que processos de inovação sempre estarão relacionados a uma consistente proposta de valor – "uma oferta que atrai compradores" – associada a uma proposição de lucro – "que envolva a criação de um modelo de negócios que permita ganhar dinheiro com a oferta", e concernente a pessoas – "deve motivá-las a executar a estratégia de inovação" (Kim e Mauborgne, 2019:210).

Cabe ressaltar que as considerações precedentes, especialmente a de Kim e Mauborgne (2019), fazem alusão principalmente a empresas privadas, mas são também pertinentes ao setor público: compradores aqui são os usuários dos serviços ofertados à sociedade, e o lucro remete ao interesse público, dizendo respeito àquilo que pertence à coletividade.

Outrossim, é importante destacar que, a despeito do papel relevante das tecnologias da informação e da comunicação nas atividades das empresas e na sociedade de uma forma geral, a inovação e o sucesso competitivo não estão relacionados apenas a empresas que fazem uso desses recursos.

Assim, "pensar em inovação somente como tecnologia é um equívoco [...] independentemente do que for implantar, é preciso ir além da tecnologia, fazer inovação nas pequenas coisas, nos pequenos gestos e ações que fazem com que as pessoas se encantem" (Kepler, 2015:1).

É o que também demonstram Kim e Mauborgne (2019) ao descreverem o processo de inovação de valor em diferentes setores, como na indústria vinícola norte-americana – Casella Wines; no setor de entretenimento, Cirque du Soleil, e no transporte aéreo, Southwest Airlines.

Definido o que percebemos como inovação, e considerando as múltiplas propostas para o desenvolvimento de estratégias a ela relacionadas, fica claro que cada setor e cada negócio específico precisarão de um caminho particular para seu contexto quanto ao processo de inovação.

Assim, há que se entender qual é a motivação para uma empresa implantar uma estratégia de inovação: necessidade de sobrevivência decorrente de uma competição acirrada? O surgimento de produtos e serviços sucedâneos que ameaçam alijar a empresa do mercado? Uma necessidade do mercado percebida e ainda não satisfeita?

Os principais indicadores de percepção sobre o que é inovação estão usualmente relacionados ao grau de ineditismo ou de novidade associado a um produto, serviço ou processo, combinado com sua aceitação pelo mercado e adesão pelos clientes consumidores.

Nesse sentido, são três as características de uma boa estratégia orientada para a inovação de valor: ter foco, singularidade e uma mensagem consistente, o que Kim e Mauborgne (2019) exemplificam por meio do estudo de caso de empresas como a Southwest Airlines:

- toda estratégia de inovação tem foco, e isso deve ser mostrado com nitidez. Exemplificando, esses autores dizem que, "quando se observa o perfil da *Southwest Airlines*, constata-se de imediato que a empresa enfatiza apenas três atributos: serviços amigáveis, velocidade e frequência de voos diretos" (Kim e Mauborgne, 2019:63);
- ao estabelecer uma estratégia de inovação de valor, ela deve ter singularidade, diferenciando-se daquelas que se caracterizam como a média do setor: "a *Southwest*, por exemplo, foi pioneira nos voos diretos entre cidades médias; até então, o deslocamento entre essas cidades se dava por meio de conexões em grandes aeroportos" (Kim e Mauborgne, 2019:64);
- a inovação de valor deve estar embasada em uma mensagem consistente e convincente: "velocidade de avião a preço de carro – sempre que você precisar" (Kim e Mauborgne, 2019:64).

Em complemento às considerações precedentes, pode-se ainda entender que a inovação está bastante próxima da formação de estratégias como um processo emergente:

> as estratégias emergem quando as pessoas, algumas vezes atuando individualmente mas na maioria dos casos coletivamente, aprendem a respeito de uma situação tanto quanto a capacidade da sua organização de lidar com ela [Mintzberg, Ahlstrand e Lampel, 2000:134].

Portanto, na perspectiva de sua relação com a estratégia, o processo de inovação se constitui a partir de um aprendizado contínuo de pessoas ou grupos que fazem parte da organização: unidades de linha de frente, como vendedores e pessoal de atendimento ao consumidor, ou unidades de retaguarda, como as relacionadas à produção e ao desenvolvimento de produtos.

Ainda têm relevância para o processo de inovação as comunidades externas que se relacionam com as organizações, como clientes, fornecedores e parceiros estratégicos.

Nessa linha, as empresas inovadoras utilizam ações de empoderamento não só dos seus colaboradores internos, mas também dos agentes externos que com ela interagem, adotando estratégias de inovação "de fora para dentro" a partir de clientes e parceiros empoderados, ou seja, incentivando que os usuários e parceiros de seus produtos ou serviços compartilhem suas experiências e apresentem sugestões quanto à inovação, disponibilizando canais de atendimento cada vez mais personalizados e valorizando a geração de ideias provenientes do ambiente externo.

O entendimento do modelo de negócio como apoio à inovação

Ainda cabem, neste contexto inicial, considerações sobre os vínculos conceituais e metodológicos entre os processos de inovação e de planejamento estratégico, tendo como referência o conhecimento da essência do modelo de negócio objeto da inovação.

Entre as diversas alternativas encontradas na literatura para o entendimento das características dos ambientes de negócios, destaca-se o método de inovação em modelos de negócios conhecido como *business model generation* (BMG) (Osterwalder e Pigneur, 2011).

Esse modelo de negócios descreve a lógica de criação, entrega e captura de valor por uma instituição, usando uma linguagem de fácil compreensão por meio do preenchimento do quadro de modelo de negócios da organização, um método que, como ilustrado no quadro 1, possibilita identificar, de forma estruturada, espaços e oportunidades para ações de inovação.

Quadro 1

Quadro de modelo de negócios da organização

<table>
<tr><td rowspan="2">Parcerias principais</td><td>Atividades-chave</td><td rowspan="2" colspan="2">Proposta de valor</td><td>Canais</td><td rowspan="2">Segmentos de clientes</td></tr>
<tr><td>Recursos principais</td><td>Relacionamento com clientes</td></tr>
<tr><td colspan="3">Estrutura de custos</td><td colspan="3">Fontes de receitas</td></tr>
</table>

Fonte: Osterwalder e Pigneur (2011).

Tendo como foco a perspectiva do entendimento do negócio, Osterwalder e Pigneur (2011:15) descreveram os nove componentes que, segundo eles, cobrem as quatro áreas principais de um negócio: clientes, oferta, infraestrutura e viabilidade financeira.

Tais componentes constituem potenciais propulsores da inovação, percebidos de forma explícita no quadro de modelo de negócios da organização:

1) Os segmentos de clientes definem os diferentes grupos de pessoas ou organizações que a empresa busca alcançar e servir: para quem estamos criando valor? Quem são nossos consumidores mais importantes?
2) A proposta de valor descreve o pacote de produtos e serviços que criam valor para um segmento de clientes específico: que valor entregamos ao cliente? Qual problema estamos ajudando a resolver? Que necessidades estamos satisfazendo? Que conjunto de produtos e serviços estamos oferecendo para cada segmento de clientes? Usada na acepção proposta pelos autores, "ela resolve um problema ou satisfaz uma necessidade do consumidor". Cada proposta de valor é um pacote específico que supre as exigências de um determinado segmento de clientes.
3) Os canais descrevem como a empresa se comunica e alcança seus segmentos de clientes para entregar uma proposta de valor, classificados em dois tipos principais: diretos – equi-

pes de venda e vendas na web ou por meio de *smartphones*; e indiretos – lojas próprias, lojas parceiras e atacado.

4) O relacionamento com clientes descreve os tipos de relação que uma empresa estabelece com segmentos de clientes específicos. Ainda cabe aqui o estabelecimento de meios de relacionamento com clientes ou fornecedores de insumos e serviços complementares, como assistência pessoal e serviços automatizados, entre outros.
5) As fontes de receita representam o dinheiro que uma empresa gera a partir de cada segmento de clientes: quais valores os clientes estão dispostos a pagar; pelo que eles pagam atualmente; como pagam e como prefeririam pagar.
6) Os recursos principais descrevem aqueles mais importantes exigidos para fazer um modelo de negócios funcionar, como as competências essenciais das pessoas, as tecnologias necessárias para o modelo de negócio e o conhecimento (*know-how*) associado aos processos de trabalho e de gestão.
7) As atividades-chave descrevem as ações mais importantes que uma empresa deve realizar para fazer seu modelo de negócios funcionar, identificando quais são os processos de trabalho mais relevantes que ela executa, dentro de sua cadeia de valor.
8) As parcerias principais descrevem a rede de fornecedores e os parceiros envolvidos com a operação do modelo de negócios, complementando a cadeia de valor do negócio e contribuindo estrategicamente para o alcance das propostas de valor estabelecidas.
9) A estrutura de custo descreve todos os custos envolvidos na operação de um modelo de negócios, aqueles que são mais relevantes e com quais recursos principais e atividades-chave estão relacionados.

Cabe ainda salientar que a identificação de espaços para a inovação, usando o *business model generation* (BMG), não significa que foi feita uma inovação no modelo de negócio. Até esse ponto somente se construiu uma "trilha" a ser seguida para a percepção de possíveis oportunidades a serem exploradas.

Finalmente, tendo como base o BMG, foi desenvolvida a ferramenta (*software*) *business model canvas*, pela empresa Strategyzer, da qual Osterwalder é um dos cofundadores.

Portanto, para deixar claro para os leitores, as referências a *business model generation* na literatura estão relacionadas ao método, ao passo que *business model canvas* refere-se à ferramenta que permite a construção do modelo de negócio.

Elementos propulsores da inovação

Tim Brown (2020:4), ao apresentar suas ideias sobre estratégias e *design thinking*, propõe a seguinte questão: "Para quais problemas devemos direcionar nossa energia?"

Na sequência o autor também argumenta que, ao falar sobre inovações, não as considera apenas no sentido do Vale do Silício, usualmente focado unicamente em novos produtos e tecnologias.

A percepção dos nove componentes apresentados na seção anterior constitui uma forma de contribuir para responder ao questionamento de Brown (2020), possibilitando o direcionamento do foco dos processos de inovação para oportunidades alinhadas com as características e diretrizes estratégicas do negócio.

Além disso, o processo de inovação deve seguir alguns princípios fundamentais, conforme postulado por Waengertner (2018):

1) inovação deve ser vista como uma questão de *design* organizacional, favorecendo a adoção de unidades organizacionais

menores com autonomia para a busca de novidades e para experimentá-las na prática. Estruturas rígidas, com forte hierarquia e processos burocráticos, são letais para a inovação;

2) o cliente sempre deve estar no centro da equação, conhecendo-se suas expectativas e necessidades, entendendo sua reação perante o produto e as propostas de inovação, tendo uma clara visão do *job to be done* (tarefa a ser realizada) no ambiente e nos seus processos;
3) deve-se descobrir e trabalhar com parceiros estratégicos, de forma a ganhar velocidade e sinergia em um processo de inovação aberta;
4) a gestão do processo de inovação deve ser ágil, respondendo rapidamente a experiências e à constatação de resultados alcançados, embasando-o em ciclos curtos e mensuráveis;
5) o processo de inovação deve constituir um posto avançado fora do contexto tradicional do negócio, mas mantendo com ele uma convivência dinâmica e profícua, gerando uma estrutura ambidestra no ambiente organizacional;
6) os gestores do processo de inovação devem pensar como investidores, criando uma visão de um portfólio de inovações no contexto do negócio, de forma a possibilitar o teste de hipóteses em termos de avaliação de sua viabilidade e de retorno do investimento.

Finalmente, cabe salientar os elementos essenciais a serem levados em conta para o sucesso de um processo da inovação. Como proposto por De Jong, Marston e Roth (2015:38), deve-se criar um ambiente de questionamento estruturado do processo de inovação e da busca por evidências concretas de sua existência no ambiente organizacional, como mostrado no quadro 2.

Quadro 2

Os oito elementos essenciais da inovação

Elemento	Você inova realmente?	Elementos subjacentes
Aspiração	Você considera crítico o crescimento impulsionado pela inovação e possui metas que refletem isso?	Visão e modelo de inovação. Contribuição requerida do processo de inovação. Metas e responsabilidades.
Escolha	Você investe em um portfólio coerente de iniciativas, adequadamente equilibrado em termos de tempo, risco e recursos?	Clareza dos temas de inovação. Balanceamento do portfólio tempo e risco. Suficiência de recursos. Governança do portfólio.
Descoberta	Você tem *insights* suficientes, relacionados ao negócio, mercado e tecnologia, para transformá-los em proposições de valor vencedoras?	Orientação para o consumidor. Geração de *insights* sob múltiplas perspectivas. Proposições de valor diferenciadas.
Evolução	Você cria novos modelos de negócios que propiciam fontes de lucro escaláveis?	Exploração de novos modelos de negócios. Diversificação das fontes de lucro. Mudanças nos modelos de entrega e novos grupos de clientes.
Aceleração	Você supera a concorrência desenvolvendo e lançando inovações de forma rápida e eficaz?	Rigor no planejamento e na execução. Cultura de projetos multifuncionais. Aprendizado baseado no mercado e no cliente.
Escala	Você lança inovações na escala certa nos mercados e segmentos relevantes?	Planejamento de entrada no mercado. Gestão de lançamentos. Operações ramificadas.
Ampliação	Você ganha por meio da criação e capitalização de redes externas?	Redes estratégicas externas. Habilidades de colaboração. Parceria de escolhas.
Mobilização	Seu time (pessoas e grupos) é motivado, recompensado e organizado para inovar repetidamente?	Prioridade nas pessoas. Estrutura propiciadora. Cultura colaborativa.

Fonte: Elaborado pelos autores com base em De Jong, Marston e Roth (2015).

O quadro 2 aponta como a inovação é um empreendimento complexo, envolvendo um conjunto de elementos transversais e interdependentes para estruturá-la.

Tais ações, frequentemente sobrepostas, iterativas e não sequenciais, podem ser divididas em dois grupos principais, ainda segundo De Jong, Marston e Roth (2015):

- os quatro primeiros elementos, que são estratégicos e criativos por natureza, ajudam a definir e a priorizar os termos e condições sob os quais é mais provável que a inovação prospere;
- os quatro elementos subsequentes contemplam aqueles relacionados à organização e à entrega da inovação repetidamente ao longo do tempo, com agregação de valor suficiente para contribuir de forma significativa para o desempenho geral do negócio.

Diferentes modalidades de inovação

É importante que a inovação e o sentido de sua aplicação sejam compreendidos de forma ampla. Nessa linha, é um processo que deve ser visto por mais de uma perspectiva.

Considerando o que dizem Christensen, Ojomo e Dillon (2019), as inovações podem ser classificadas em três modalidades principais: que criam mercado, sustentáveis e de eficiência.

Inovações que criam mercado

Como o próprio nome diz, tais inovações criam novos mercados, "incluindo transformar produtos complicados e caros em produtos acessíveis a um número cada vez maior de consumidores, podendo envolver categorias de produto inteiramente novas" (Christensen, Ojomo e Dillon 2019:3).

Esse tipo de inovação, portanto, inclui uma novidade, seja em características e funcionalidades, na forma de oferta ou na redução de custos e preços. Assim, gera uma nova demanda de pessoas e comunidades que não consumiam o produto ou o serviço antes da transformação inovadora.

Exemplificando: na segunda metade dos anos 1990, a Amazon criou um novo paradigma sobre como acessar a oferta de publicações no mercado editorial e sobre como adquirir os produtos, por meio de seu sítio na internet.

Pode-se considerar que a comercialização pela Amazon de livros e, logo em seguida, de um amplo conjunto de bens duráveis e serviços pela internet, foi uma inovação que criou mercados e novas categorias de consumidores em um segmento novo de oferta por meio do comércio eletrônico.

Ao longo dos primeiros 20 anos dos anos 2000, o comércio eletrônico e outros modelos de negócios pela *web* aceleraram exponencialmente e praticamente cada um de nós convive no dia a dia com novos mercados de produtos e serviços pela internet.

Estão nesse caso, por exemplo, negócios como o YouTube e *streaming* de vídeos como a Netflix; os *smartphones*, substituindo os telefones tradicionais e incorporando novas alternativas e funcionalidades aos dispositivos de comunicação; o Airbnb no lugar dos sistemas tradicionais de locação de imóveis por temporada; e os sistemas de transporte intermediados por terceiros na internet, como o Uber.

Inovações sustentáveis

As inovações sustentáveis, ou de sustentação, "são melhorias em produtos e serviços já existentes no mercado, normalmente direcionadas a clientes que exigem melhor desempenho" (Christensen, Ojomo e Dillon, 2019:4). O foco, nesses casos, é incorporar algo diferente ao produto ou serviço que possa agregar-lhe valor sem, no entanto, transformar sua essência quanto às suas funcionalidades.

Um exemplo bastante simples e perceptível de inovação de sustentação com impacto significativo em um mercado já existente foi o *pendrive*, substituindo os dispositivos tradicionais de armazenamento de dados em computador, como os disquetes e os CDs.

Nas inovações de sustentação, de uma forma geral, as empresas não precisam criar ou modificar setores de vendas, distribuição, marketing e manufatura. Elas seguem vendendo para uma base de consumidores já conhecida e utilizando canais de venda já estruturados.

Tais inovações usualmente são feitas no sentido de incrementar funcionalidades em produtos ou serviços já existentes, incorporando novas formas de fazer para manutenção da competitividade no mercado ou para conquista de novos clientes, que podem ser usuários de produtos da concorrência ou de bens ou serviços sucedâneos.

Inovações de eficiência

Conforme Christensen, Ojomo e Dillon (2019:2), “inovações de eficiência permitem que empresas façam mais com menos recursos, relacionados ao mesmo produto ou serviço”. Exemplos são a terceirização das atividades de uma empresa para se beneficiar de valores mais baixos para a execução de tarefas semelhantes ou o uso de tecnologias, como a automação dos processos, para a redução de custos ou melhoria dos controles.

Com esse tipo de inovação, as empresas podem se tornar mais lucrativas e, criticamente, otimizar o fluxo de caixa, embora muitas vezes em cenários de mercado congestionados e competitivos.

O redesenho de processos com o uso das tecnologias de automação constitui um bom exemplo de inovações de eficiência: elas aumentam a produtividade, substituem o trabalho humano em tarefas mecânicas e diminuem custos de produção.

Nessa linha, cabe salientar a tendência crescente do uso de robôs como suporte ao redesenho de processos de trabalho, interação com clientes e tomada de decisões.

Como postulado por Martin Ford (2019:25):

> É razoável supor que o campo da robótica seguirá um caminho semelhante: certamente nos encontramos hoje na vanguarda de uma onda explosiva de inovação que acabará produzindo robôs voltados para praticamente todas as possíveis tarefas comerciais, industriais e de consumo.

Assim, pode-se considerar que, no ambiente empresarial, tanto os recursos robóticos presentes na indústria quanto as tecnologias de inteligência artificial têm conquistado espaço de modo positivo, atuando no sentido da busca constante por soluções e formas de automatizar os processos de trabalho, desenvolver interações com os clientes e otimizar os processos de gestão.

Trata-se, dessa forma, do uso de robôs – *softwares* – para apoiar ou substituir, em algumas situações, não somente as tarefas repetitivas mas também parte daquelas executadas pelos denominados trabalhadores do conhecimento, entendida esta expressão na acepção a ela conferida por Hislop (2005:217) "alguém cujo trabalho é principalmente intelectual, criativo e não rotineiro por natureza, e que envolve tanto a utilização quanto a criação de conhecimento".

Finalmente, em uma abordagem complementar, Eric Ries (2019) ressalta ser importante compreender como a inovação pode acontecer nas organizações e nos processos de negócios: ela pode se dar por meio de descobertas científicas originais, por novos usos para tecnologias existentes e pela criação de novos modelos de negócios, entre outras opções.

Em face do crescente potencial de contribuição da inteligência artificial para os processos de inovação no contexto dos negócios, cabe encerrar o presente capítulo com considerações a respeito dessa tecnologia.

A inteligência artificial nos processos de inovação

Para tecer considerações sobre a contribuição da inteligência artificial nos processos de inovação, vamos nos basear no modelo conceitual de Kai-Fu Lee (2019:131) sobre o cenário das quatro ondas de inteligência artificial (IA): IA da internet, IA dos negócios, IA de percepção e IA autônoma.

A primeira onda é a aplicação da IA na internet:

> começou há quase quinze anos, tem em grande parte a ver com o uso de algoritmos de IA como motores de recomendação e sistemas que aprendem nossas preferências pessoais, e veiculam conteúdos escolhidos a dedo para nós [Lee, 2019:132].

Nessa linha, o autor fundamenta seus argumentos com exemplos:

> usando a IA da internet, o Alibaba pode recomendar produtos que você está mais propenso a comprar, o Google pode segmentá-lo com anúncios com maior probabilidade de um clique, e o YouTube pode sugerir vídeos que você terá maior probabilidade de assistir [Lee, 2019:133].

A segunda onda é a da inteligência de negócios:

> tira proveito do fato de que as empresas tradicionais etiquetaram automaticamente enormes quantidades de dados por décadas, e agora fazem uso desses *big data* para descobrir correlações ocultas que muitas vezes escapam ao olho nu e ao cérebro humano [Lee, 2019:136].

Embora denominada inteligência de negócios, a segunda onda contempla tanto aplicações voltadas ao apoio a negociações financeiras como históricos de diagnósticos e taxas de sobrevivência no contexto da gestão de saúde, entre outros aspectos.

Segundo Lee, "otimizações como essas funcionam bem em setores com grandes quantidades de dados estruturados. [...] Nesse caso, 'estruturado' refere-se aos dados que foram categorizados, rotulados e tornados pesquisáveis" (Lee, 2019:137).

A terceira onda é a da inteligência de percepção,

> onde os algoritmos agora podem agrupar os pixels de uma foto ou vídeo em grupos significativos e reconhecer objetos da mesma maneira que nosso cérebro, potencializando o conhecimento do mundo ao nosso redor por meio da proliferação de sensores e dispositivos inteligentes [Lee, 2019:144].

Ela contempla o domínio do que se convencionou denominar "internet das coisas" ou IOT (*internet of things*). Segundo Magrani (2018:1), "existem fortes divergências em relação ao conceito de internet das coisas, e não há consenso sobre um que seja capaz de abarcar a complexidade sociotécnica do fenômeno".

Ainda de acordo com Magrani (2018), pode-se considerar o que as definições de internet das coisas têm em comum:

- apontam para como computadores, sensores e objetos interagem uns com os outros e processam as informações/dados em um contexto de hiperconectividade;
- compreendem um conjunto de objetos interconectados com a internet que cria um ecossistema de computação onipresente, com o objetivo de facilitar e trazer soluções para desafios cotidianos, como soluções nas áreas de saúde, mobilidade urbana, saneamento, entre outras.

Ou seja, por meio da IOT, grandes quantidades de dados são geradas e transmitidas a uma rede. Esses dados são então reunidos e organizados por meio das tecnologias de *big data*, e a inteligência artificial permite sua manipulação e uso de forma útil.

A quarta onda é a da inteligência artificial autônoma, "representando a integração e a culminação das três ondas anteriores, produzindo máquinas que não apenas compreendem o mundo ao seu redor – elas conseguem moldá-lo" (Lee, 2019:156).

Ainda segundo Lee (2019), nesse sentido, o uso da inteligência artificial (IA) nos processos de inovação está apenas começando:

> Grandes avanços teóricos em IA finalmente têm produzido aplicações práticas que estão prestes a mudar nossas vidas. A IA já alimenta muitos de nossos aplicativos e *sites* favoritos, e nos próximos anos dirigirá nossos carros, gerenciará nossos portfólios, fabricará muito do que compramos e potencialmente tirará nossos empregos. Esses usos estão repletos de riscos promissores e perigos potenciais, e devemos nos preparar para as duas coisas [Lee, 2019:10].

Nessa quarta onda, as oportunidades de inovação também serão marcadas por uma transformação fundamental no relacionamento entre os trabalhadores (as pessoas) e as máquinas, conforme antevisto por Martin Ford (2019:10, grifo no original):

> Essa mudança desafiará essencialmente uma das nossas crenças mais básicas a respeito da tecnologia: *as máquinas são ferramentas que aumentam a produtividade dos trabalhadores*. O que vemos, na verdade, é uma inversão, ou seja, as próprias máquinas estão se transformando em trabalhadores.

Nessa linha, é razoável supor que o campo da robótica seguirá um caminho semelhante, em uma onda de inovação que acabará produzindo robôs voltados para praticamente todas as possíveis tarefas comerciais, industriais e de consumo.

O primeiro capítulo se encerra aqui. Nele, discutiu-se em que consistem a inovação e o sentido estratégico de sua aplicação nas organizações e salientou-se a importância do empoderamento não só dos colaboradores internos, mas também dos agentes externos que com elas interagem: clientes, fornecedores e demais parceiros.

Ainda foram abordados a informação, o conhecimento e a inteligência, que constituem dimensões de uma nova fonte para a inovação nas organizações: os ativos intangíveis.

Em sequência, vamos conhecê-los e ver como se constituem em recursos estratégicos que propiciam oportunidades de inovação nos negócios.

2
Ativos intangíveis: recursos estratégicos para diferenciação e inovação dos negócios

Os ativos intangíveis constituem uma nova fonte para a geração de riqueza nas organizações: são "aqueles fatores não físicos, e recursos sob algum grau de controle, que são críticos para o sucesso do negócio, e que não são demonstrados no balanço financeiro" (Allee, 2003: 263).

Neste capítulo, discute-se o papel dos ativos intangíveis como recursos estratégicos para a diferenciação e inovação nos negócios. São apresentados o que faz parte dos ativos intangíveis, o contexto da sociedade da informação e da economia baseada no conhecimento, no qual eles se desenvolveram e as características básicas dos pilares em que estão apoiados: informação, conhecimento e inteligência; tecnologias da informação e da comunicação; e pessoas e times de alto desempenho.

Finalmente, descrevem-se alguns métodos e técnicas de apoio aos processos e às práticas de inovação.

O que são ativos intangíveis?

Os ativos intangíveis estão estreitamente relacionados à intensidade do conhecimento associado à execução dos processos nos ambientes de negócios. Cabe inicialmente salientar que, ao longo de todo o texto, o termo negócio está sendo usado na seguinte acepção: "negócio quer dizer não ócio, do latim (*negotium* = *nego* + *otium*), significando ação, ocupação, envolvimento em alguma atividade produtiva" (Soares Neto, 2009:65).

Assim, "processos de negócio" se referem a atividades de interesse empresarial que são objeto de decisões, conceito aplicável tanto no setor privado como no âmbito da administração pública.

Voltando à questão dos ativos intangíveis, em livro recentemente publicado, Haskel e Westlake (2018) enfatizaram uma grande mudança na natureza da acumulação moderna de capital: o investimento crescente de grandes e pequenas empresas não está mais nos chamados bens tangíveis – máquinas, fabricas e escritórios –, mas sim nos "intangíveis", como produtos de *software*, bases de dados, marcas e *design*, entre outros.

Esse acervo de intangíveis também é tratado na literatura sob a denominação de capital intelectual: "a soma dos capitais humano, de consumidores (clientes) e estrutural. O capital intelectual é parte do capital intangível da empresa" (Wiig, 2004:336), tendo estreita relação com a inovação.

Dessa forma, eles incorporam aspectos como a imagem da marca e a reputação dos produtos e serviços associados ao negócio, à competência das pessoas e das comunidades internas e externas envolvidas com os processos, aos sistemas computacionais, às práticas de trabalho, às informações sobre o mercado e os clientes, ao potencial de inovação em produtos e serviços e à capacidade de empreender parcerias estratégicas, entre outros aspectos.

Isso, portanto, remete à discussão das características da sociedade da informação e da economia baseada no conhecimento.

Sociedade da informação e economia baseada no conhecimento

A nova fronteira para a inovação nas organizações, resultando em diferenciação e competitividade, está sustentada na sociedade da informação, assim entendida:

> Sociedade caracterizada por alto nível de intensidade de informações no cotidiano da maioria dos cidadãos, empresas e locais de trabalho, pelo uso de tecnologia comum e compatível para um amplo espectro de atividades pessoais, sociais, educacionais e empresariais; e pela "capacidade de transmitir, receber e trocar dados digitais rapidamente entre locais distintos, independentemente da distância entre os mesmos (IBM, 1997: 3).

Esse novo ambiente, no qual a criação, distribuição e manipulação da informação tornaram-se atividades econômicas e culturais relevantes, também é caracterizado pela intensidade e velocidade da produção e renovação do conhecimento e por mudanças na forma como ele é adquirido e disseminado. Nessa direção, o conceito original de sociedade da informação evoluiu para o de economia baseada no conhecimento, cuja abrangência pode ser definida conforme se segue:

> Em um contexto onde a informação é cada vez mais abundante e disponível sob diversas formas, o fator raro da economia passa a ser a capacidade de interpretar e tratar a informação, que se torna inerte e sem valor se não é interpretada em um contexto de competências que resulta da história, dos objetivos e do engajamento dos agentes econômicos [Cohendet, Créplet e Dupouet, 2006:147].

Essa concepção sobre a presença relevante da informação e do conhecimento na sociedade e nas organizações, com impactos significativos nos processos de inovação, vem sendo enfatizada por diversos autores desde o último quarto do século XX, como Emery (1987:4):

> A informação foi um bem escasso na maior parte da história da humanidade, pois o material escrito era extremamente limitado e caro, e as comunicações eram lentas e incertas [...] as coisas começaram a mudar com a invenção da impressão relativamente barata por Gutenberg e outros no século XVI.

A despeito de a invenção da imprensa ter constituído um largo passo para a disseminação do conhecimento, sua criação como razão proveniente de cada indivíduo, em substituição à razão mítica em que o saber se constituía em privilégio de poucos, aconteceu principalmente a partir do século XVIII, na época da Revolução Industrial, conforme sustentam Alberoni e Veca (1988:7):

> A grande transformação aconteceu com a Revolução Industrial. Com ela, pouco a pouco, o Banco, a Bolsa, o arranha-céu de escritórios substituíram as catedrais, e as normas morais perderam seu caráter obrigatório e absoluto.

A partir dessa época, o conhecimento começa a se desenvolver em vários domínios, tais como o direito, a filosofia, a economia, a psicologia e a sociologia, entre outros campos de estudo, por iniciativa de pessoas e grupos dispostos a reunir e compartilhar suas descobertas e pontos de vista.

Os grupos criativos que se desenvolveram entre 1850 e 1950, especialmente na Europa, descritos por De Mais et al. (1999), constituem evidência da interdisciplinaridade das práticas e da sua combinação com a formulação gradual de conceitos no campo da gestão do conhecimento.

Na obra denominada *A emoção e a regra*, são relatadas diversas experiências de criatividade organizada derivada de pessoas e grupos, tais como o Círculo Matemático de Palermo:

> Entre o final do século XIX e a explosão da Primeira Guerra Mundial, funcionou em Palermo um Círculo Matemático que, pela quantidade e o nível dos associados, pode ser considerado como a maior agregação mundial de cientistas – e a mais importante – a qual os estudiosos desta disciplina jamais haviam conhecido antes [De Masi et al., 1999:81].

Esse é um dos 13 movimentos sobre pesquisa e compartilhamento de conhecimento relatados na obra, nos mais diversos ramos da ciência, que buscou "avaliar melhor o esforço intuitivo de todos os pioneiros que abriram novos caminhos e conferiram originalidade à organização da criatividade coletiva" (De Masi et al., 1999:21).

No que concerne às práticas empresariais, pode-se considerar que os primeiros gestores do conhecimento, numa visão de sua estruturação, foram, segundo Davenport, os bibliotecários:

> Os governos foram os pioneiros a efetuar esse gerenciamento, em bibliotecas ou arquivos nacionais: os primeiros repositórios sumérios datam de 5000 a.C. A França estabeleceu um escritório nacional de registros no século XVIII, a Inglaterra, no século XIX e os Estados Unidos, no século XX. As corporações propriamente ditas só começaram a administrar o ciclo de vida completo dos documentos em meados da década de 1940, mas as maiores empresas ainda mantêm em operação unidades para esse gerenciamento [Davenport, 1998:31].

Ainda de acordo com esse autor,

> a administração de arquivos dominou essa corrente de informação até o início da década de 1970, quando os profissionais passaram a incorporar uma noção mais ampla de administração de recursos informacionais [Davenport, 1998:31].

Além da guarda dos documentos em arquivos e bibliotecas, outra dimensão original do gerenciamento da informação e do conhecimento nas empresas foi o sistema de contabilidade, que constituiu até muito recentemente o principal acervo organizado de forma sistematizada a respeito dos fatos administrativos e resultados dos negócios.

Não foi mera coincidência o fato de as primeiras aplicações de sistemas automatizados de processamento de dados em escala comercial terem sido voltados para a área contábil e outras como o processamento de folhas de pagamento e controle de materiais.

Da mesma forma, não constitui surpresa a existência de uma forte corrente, no domínio da gestão do conhecimento, que associa seus processos ao gerenciamento eletrônico de documentos (GED) e tecnologias correlatas.

As funções de preservação de documentos em bibliotecas e de registro contábil dos fatos administrativos, desde sua origem, se desenvolveram em um ambiente cultural que privilegiou procedimentos de registro formal de fatos administrativos, tratamento de dados em máquinas de calcular eletromecânicas e produção de relatórios estruturados.

Tais foram as características primordiais da economia da informação e do conhecimento, que ampliaram nos dias de hoje as fronteiras para a inovação nas organizações e na sociedade de uma forma geral.

Os pilares da inovação na economia da informação e do conhecimento

A nova fronteira para a inovação, resultando em diferenciação e competitividade das organizações, está embasada em três pilares fundamentais:

- informação, conhecimento e inteligência;
- tecnologias da informação e da comunicação; e
- pessoas e times de alto desempenho.

Informação, conhecimento e inteligência

O termo informação apresenta inúmeras acepções na literatura, desde a clássica definição de Drucker (1997:179), "dados dotados de relevância e propósito", passando por Bahra (2001:66), "dados categorizados, analisados, sumarizados e colocados em um contexto", indo até Hislop (2005:15), "dados organizados em um padrão com significado, em que algum insumo intelectual foi agregado".

Essas definições nos levam a concluir que a geração de uma determinada informação, por mais simples que seja, está baseada em dados e exige análise no sentido da definição precisa de seus atributos: contexto, propósito e destinatários.

A partir do momento em que uma informação tem seus atributos perfeitamente delimitados, a reunião e o tratamento de um conjunto de dados ganham finalidade e tornam possível estabelecer os meios que irão permitir sua geração de forma sistematizada e contínua.

As informações podem ser apresentadas de diversas maneiras, desde relatórios periódicos, na forma de tabelas ou gráficos, até *insights* pontuais relevantes para determinado gestor que muitas vezes permanecem "escondidos" em meio a milhares de transações que acontecem nas empresas a cada dia, tanto no contexto interno como nas relações com os clientes.

Um exemplo simples de *insights* no ambiente de negócios, tendo como referência a gestão dos bancos, pode ser assim descrito:

- determinado cliente faz uma consulta no *site* da instituição sobre ofertas de empréstimos;
- essa transação é registrada na base de dados da organização;
- um *software* de análise de dados identifica esse "rastro" deixado pelo correntista no ambiente de dados e gera uma informação relevante para o gerente de sua conta, sinalizando o potencial interesse do correntista em realizar uma operação de crédito.

A importância da informação como um ativo organizacional começou a ser ressaltada quando Drucker, entre outros autores, salientou o papel essencial que ela passaria a desempenhar nas corporações do futuro, por ele denominadas "organizações fundamentadas na informação" (Drucker, 1997:177).

Esse autor ainda teceu considerações sobre as formas como a informação agrega valor ao desempenho das organizações: melhor controle das operações internas e maior conhecimento dos clientes e das condições ambientais externas, possibilitando a tomada de decisão de melhor qualidade, resultando em menores custos de produção de bens ou de prestação de serviços, crescimento da receita operacional e maior rentabilidade para o negócio.

Somente a disponibilidade de informações adequadas, no entanto, não é suficiente para agregação de valor aos processos de negócios, o que depende, ainda, da capacidade dos seus usuários para exploração dessas informações de forma produtiva.

Isso remete à consideração adicional dos aspectos ligados ao conhecimento e à inteligência como elementos complementares essenciais para a efetividade da gestão e da inovação.

Discorrer sobre conhecimento é tarefa bastante mais complexa, considerando-se que o termo pode apresentar diversos sentidos, dependendo da perspectiva sob a qual é tratado nos diversos ramos da ciência.

Assim, a discussão aqui estará limitada à sua aplicação ao contexto da gestão dos processos de negócio das empresas. Em uma perspectiva estreitamente relacionada com a gestão empresarial,

> conhecimento é a informação em ação. No contexto organizacional, é aquilo que as pessoas em uma empresa sabem acerca de seus clientes, produtos, processos, erros e acertos, seja esse conhecimento tácito ou explícito [O'Dell e Grayson Jr., 2000:23].

Ou seja, na sua relação com os processos de negócio, o conhecimento pode ser entendido como emergindo do uso produtivo e objetivado das informações, a partir da sua interpretação e da agregação de significado para uma situação específica.

Finalmente, a interpretação de Hislop (2005) consolida as conceituações precedentes:

> O conhecimento pode ser entendido como emergindo da aplicação, análise e uso produtivo de dados e informações. Em outras palavras, o conhecimento pode ser visto como dados ou informações com um nível mais aprofundado de análise intelectual agregada, onde eles são interpretados, significado é agregado, e existem estruturação e ligação com sistemas existentes de crenças e contextos de conhecimento [Hislop, 2005:15].

Tais considerações levam à assunção de que o conhecimento, quando aplicado no contexto da gestão, tem duas características fundamentais a ele associadas:

- de um lado, envolve a interação humana com uma determinada realidade, ou com outros conhecimentos disponíveis de forma explícita ou tácita;
- de outro lado, é direcionado para a prática, para apoio ao equacionamento e à resolução de problemas em um contexto de processos e casos específicos.

Finalmente, outro aspecto relevante nas definições anteriores diz respeito à consideração de duas naturezas básicas de conhecimento – a explícita e a tácita –, postulações derivadas dos estudos de Nonaka e Takeuchi. Segundo esses autores,

> o conhecimento explícito é aquele que pode ser articulado na linguagem formal, inclusive em afirmações gramaticais, expressões matemáticas, especificações, manuais e assim por diante. Esse tipo de conhecimento pode ser então transmitido, formal e facilmente, entre os indivíduos" [Nonaka e Takeuchi, 1997:XIII].

Essa categoria de conhecimento, portanto, é mais suscetível de ser organizada e compartilhada: pode ser documentada, categorizada e ilustrada para todos por meio de demonstrações, explanações, fluxos e procedimentos vinculados aos processos de negócio e por regras associadas a sistemas computacionais nos seus mais variados níveis de complexidade – desde os sistemas transacionais até algoritmos de aprendizado de máquina e outras aplicações de inteligência artificial.

O conhecimento tácito, por sua vez, é descrito pelos mesmos autores como "o conhecimento pessoal incorporado à experiência individual, e envolve fatores intangíveis, por exemplo, crenças pessoais, perspectivas e sistemas de valor" (Nonaka e Takeuchi, 1997:XIII).

Contempla, portanto, as habilidades pessoais, as especialidades adquiridas em processos formais de aprendizado, as experiências vividas, crenças, perspectivas e sistemas de valor de cada pessoa e se reveste de duas dimensões distintas: a técnica, constituída por habilidades e práticas sobre como fazer, e a cognitiva, associada a esquemas, modelos mentais, crenças, percepções e experiências vividas.

Esse tipo de conhecimento é mais difícil de ser articulado e transmitido de uma pessoa para outra: explicar como a experiência vivida pode ser aplicada à resolução de um tipo de problema específico envolve distintas dimensões de complexidade e de compreensão para cada situação específica, nem sempre possíveis de se avaliar com facilidade.

Dentro desse contexto evolutivo, deve ser salientada a diferença que existe entre conhecimento (*knowledge*) e compreensão/cognição (*knowing*). Os defensores dessa linha de raciocínio argumentam que o conhecimento se desenvolve por meio da prática: "o conhecimento das pessoas cresce na medida em que conduzem atividades e ganham experiência" (Hislop, 2005:31). Isto é, existe uma dimensão tácita na compreensão/cognição que, por ser indissociável da prática, está associada a cada indivíduo e suas vivências específicas. "Este novo patamar é o da inteligência, entendida como uma propriedade/habilidade atribuída às pessoas, como saber, pensar, conversar e aprender (Chakraborty, s.d.).

Numa perspectiva atual, ao discorrer sobre inteligência deve-se considerar que existem duas dimensões convivendo e interagindo nas organizações: a humana e a artificial.

A inteligência humana é essencialmente de natureza tácita e individual, referindo-se ao conhecimento embutido na capacitação técnica e na experiência de pessoas, envolvendo ainda fatores intangíveis, como crenças, perspectivas e valores.

Para entender a natureza da inteligência humana basta observarmos o comportamento dos bebês desde que nascem: veremos então que sua inteligência evolui a partir da constante exploração do ambiente que os rodeia, experimentando sensações, reunindo e interpretando informações, e questionando criticamente as situações às quais são expostos no seu dia a dia.

Esse desenvolvimento da inteligência se estenderá ao longo de toda a vida das pessoas, ao longo de um *continuum* de ideias em incessante entrelaçamento evolutivo, uma combinação de práticas e formulações teóricas que, quando adequadamente exploradas, pode contribuir para o processo de inovação no âmbito de métodos, práticas, produtos e tecnologias.

Mais recentemente tem se desenvolvido uma nova conceituação de inteligência, na dimensão tecnológica, relacionada aos recursos computacionais de *hardware* e de *software*, apoiados na internet e fazendo uso da inteligência artificial.

A inteligência artificial (IA), já tratada no capítulo precedente, é um tema que está na mente e nas preocupações de profissionais de diversos setores, tanto no meio acadêmico como nas empresas de forma geral, a cada dia mais presente em nossas vidas do que imaginamos, consistindo em fator fundamental nos processos de inovação.

A integração das duas dimensões da inteligência, especialmente a partir da potencialidade das tecnologias, tem possibilitado o desenvolvimento contínuo do conceito de inteligência coletiva, tanto no plano das empresas como das comunidades de uma forma geral, conforme definido por Pierre Lévy (1998:28): "inteligência distribuída por toda parte, incessantemente valorizada, coordenada em tempo real, que resulta em uma mobilização efetiva das competências".

Assim, as empresas podem hoje se beneficiar de um conjunto de funcionalidades associadas a projetos de inteligência coletiva, alguns deles demonstrados no quadro 3 a seguir.

Quadro 3

Funcionalidades associadas a projetos de inteligência coletiva

O que deve permitir? (Ações)	Detalhamento/utilidade
Publicação de escritos: artigos, teses, relatórios, leis, jurisprudências, regras.	Inclusão das ideias daqueles membros da comunidade ou de terceiros que considerar relevantes.
Inclusão de fotos, vídeos, *links* e arquivos dos mais variados textos, *slides*, PDFs.	Inclusão de material, descobertas e outras produções daqueles membros da comunidade ou de terceiros que considerar relevantes.
Criação de enquetes.	Inclusão de perguntas para avaliação de opinião dos membros da comunidade.
Chats.	Palestras eventuais, apoio a encontro simultâneo de pessoas a distância, e para o lazer em determinados momentos, como fator de melhor integração da comunidade.
Enciclopédia e documentos colaborativos.	Inclusão de glossários ou documentos, em que cada membro da comunidade pode incluir ou revisar um termo ou tema de interesse comum.
Compartilhamento colaborativo de objetos de interesse.	Conhecimento das necessidades e objetos de interesse e compartilhamento de ofertas ou demandas de produtos ou serviços entre membros de uma comunidade.
Educação a distância.	Mecanismos de apoio ao desenvolvimento das capacitações das pessoas e das comunidades.
Networking e *accountability*.	Formação de redes de compartilhamento entre especialistas e de projetos de transparência entre empresas e comunidades.
Melhores práticas.	Comunicação de práticas adotadas ou sugestão de discussões a respeito de novas práticas.
Busca por informação e conhecimento.	Localização de temas de interesse com base em critérios e algoritmos preestabelecidos.

Fonte: Elaborado pelos autores.

Finalmente, no contexto das empresas, o conceito de inteligência amplia-se para o de inteligência competitiva, definida como “um processo de aprendizado motivado pela competição, fundado sobre a informação, permitindo a otimização da estratégia corporativa em curto e em longo prazo” (Tarapanoff:2006:26). Ainda sobre o tema, a autora assim complementa:

> Na tradição francesa, a inteligência competitiva, desenvolvida a partir da *veille technologique*, é entendida de forma mais ampla, incluindo a busca de qualquer informação na ambiência, de caráter científico, tecnológico, social ou político, sobre os seus competidores e também clientes, fornecedores e parceiros, que possibilite melhor posicionamento da organização na ambiência [Tarapanoff, 2006:27].

Cabe finalmente responder à seguinte questão: até que ponto a inovação e a inteligência competitiva se aproximam e se complementam? Aparentemente, conforme conceituada, a inteligência competitiva provê para os gestores a informação coletada e aplicada na empresa, seja relacionada aos fatores internos, aos movimentos da concorrência ou às demandas dos clientes e do mercado.

Tais informações contribuem para estabelecer prioridades e para direcionar as ações do processo de inovação, apoiadas pelas tecnologias da informação e da comunicação.

Em face aos avanços dessas tecnologias, especialmente na direção da "humanização" das máquinas para dotá-las de capacidade de raciocinar, tomar decisões e resolver problemas, torna-se imperativo considerá-las o segundo pilar dos ativos intangíveis a serviço da gestão e da inovação das empresas.

Tecnologias da informação e da comunicação

Os anos recentes têm se caracterizado por avanços significativos nos produtos e serviços baseados na internet por meio de empresas como o Google, das plataformas de serviços de computação em nuvem como a Amazon Web Services (AWS) e de redes sociais como o Facebook.

Nessa linha, o que se constata hoje é que, conforme Taurion (2015), as empresas priorizam a busca de soluções para suas ações de inovação baseadas em um quadro de tecnologias que surgem e se renovam de forma cada vez mais rápida.

Cabe salientar que as tecnologias da informação e da comunicação compõem um vasto acervo de soluções em constante evolução. Este tópico aborda um subconjunto considerado relevante para apoio ao processo de inovação. Entre essas soluções, destaca-se uma série de conceitos e tecnologias aplicadas que comentamos a seguir.

A automação cognitiva de processos se vale do uso de robôs (*softwares*) para apoiar, ou substituir em algumas situações, não somente as tarefas repetitivas mas também parte daquelas executadas pelos denominados trabalhadores do conhecimento (*knowledge workers*).

Os ambientes de *big data* contemplam conjuntos de dados muito grandes ou complexos, com os quais os aplicativos de processamento de dados tradicionais ainda não conseguem lidar. Os desafios dessa área incluem: análise, captura, curadoria de dados, pesquisa, compartilhamento, armazenamento, transferência, visualização e informações sobre privacidade dos dados.

Cabe notar que, quando se fala em *big data*, sempre há referência a 3Vs: volume (quantidade de informações acumuladas), velocidade com que esses dados crescem e variedade (englobando diversos formatos disponíveis).

Os *big data analytics* são métodos e ferramentas que possibilitam o trabalho analítico e inteligente com grandes volumes de dados, estruturados ou não, coletados, armazenados e interpretados por *softwares* de altíssimo desempenho.

O *business intelligence* (BI) consiste em métodos que visam captar dados de diferentes sistemas de informação internos à organização, ou dados de ambientes externos relacionados a clientes, fornecedores e sociedade de uma forma geral, concentrando-os em um local único – denominado *data warehouse* – para sua recuperação e análise visando à geração de informações relevantes para a gestão do negócio nos planos estratégico e tático-gerencial.

A computação em nuvem (*cloud computing*) abrange o fornecimento de serviços de computação – servidores, armazenamento, bancos de dados, rede, *software*, análise e muito mais – pela internet ("a nuvem").

Com o crescimento da popularidade das soluções em nuvem, vários modelos e estratégias de implantação diferentes surgiram para atender a necessidades específicas de usuários distintos. Cada tipo de serviço em nuvem e cada método de implantação disponibiliza diferentes níveis de controle, flexibilidade e gerenciamento.

Os *data warehouse* que significam, literalmente, armazéns de dados, concentram em um único espaço todas as informações geradas por diferentes fontes de uma organização ou de ambientes externos. A partir dessa integração, é possível padronizar e unificar os dados, o que facilita o acesso a eles e a análise para geração de informações relevantes.

A inteligência artificial constitui um subcampo interdisciplinar da ciência da computação e da informação com o propósito de desenvolver técnicas e ferramentas para resolução de problemas, seja de forma autônoma pelas máquinas e algoritmos ou em interação com as pessoas.

No campo da inteligência artificial, destacam-se os algoritmos de *machine learning*, ou aprendizagem de máquina, que buscam resolver uma natureza específica de problemas a partir da observação de casos e situações práticas.

O objetivo é responder às perguntas de tal forma que se tenha a impressão de estar conversando com outra pessoa e não com um programa de computador. Após o envio de perguntas em linguagem natural, o programa consulta uma base de conhecimento e, em seguida, fornece uma resposta, que tenta imitar o comportamento humano.

Finalmente, cabe falar sobre a internet das coisas (IOT), que se refere a qualquer sistema de dispositivos físicos que recebem e transferem dados em redes sem fio e sem intervenção humana.

Isso é possível ao integrar dispositivos de computação simples com sensores em todos os tipos de objetos.

Pessoas e times de alto desempenho

O processo de inovação para o desempenho efetivo de uma organização, no entanto, depende ainda de um terceiro componente, aqui denominado dimensão humana, que leva em conta que as pessoas são os atores centrais em uma organização: a competência para as ações efetivas depende dos modelos mentais individuais de cada um de seus componentes e daqueles associados às comunidades que dela fazem parte:

> Os modelos mentais codificam situações que conhecemos a partir de vivências pessoais, que aprendemos em outras fontes, ou que geramos em nossas mentes a partir da reflexão derivada de experiências, raciocínio orientado para objetivos ou, simplesmente, do pensamento a respeito de algo (Wiig, 2004:83).

Além disso, ainda segundo esse autor, outros construtos mentais são derivados de cada fato específico com o qual somos confrontados e dos conceitos, crenças, expectativas, doutrinas, métodos e tecnologias que condicionam a atuação de cada um e das comunidades que se reúnem em torno de propósitos e interesses específicos.

Em função disso, na dimensão humana as organizações se constituem em torno de diferentes *habitats* de informação e conhecimento, cabendo à gestão sua identificação e a canalização de seu potencial para a construção do conhecimento coletivo, buscando alcançar o que Albrecht (2003:58) denominou sintropia: "A reunião de pessoas, ideias, recursos, sistemas e lideranças de modo a capitalizar plenamente as possibilidades de cada um."

A resultante da sintropia seria, assim, a multiplicação do poder cerebral da organização por meio do ganho de sinergia decorrente da integração inteligente das competências dos seres humanos, o que ocorre quando as pessoas se dispõem a compartilhar o que sabem.

Tal disposição depende fundamentalmente da existência de um clima de confiança entre as pessoas e destas com a organização. Para que alguém se disponha a compartilhar o que conhece, é necessária a percepção de que haverá um benefício mútuo, o que depende da criação de uma "cultura de compartilhamento" no ambiente organizacional.

Ainda nessa linha, a figura 1 ilustra as principais variáveis a serem consideradas em um modelo de implementação da gestão da informação e do conhecimento nas organizações na perspectiva da dimensão humana.

Figura 1
Dimensão humana da gestão da informação e do conhecimento

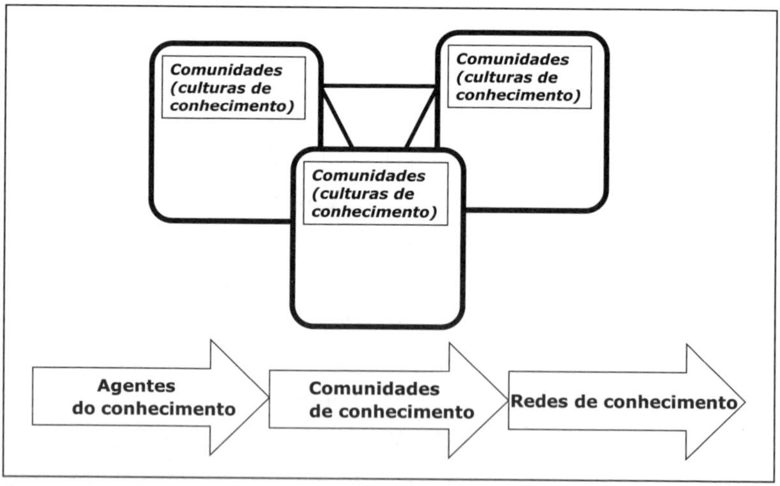

Fonte: Elaborada pelos autores.

Em primeiro lugar, cabe identificar as comunidades (culturas de conhecimento) suscetíveis de participar em um projeto de implementação de ambientes de conhecimento e, a partir disso, conhecer as pessoas interessadas em participar da criação de espaços de conhecimento coletivo – os agentes do conhecimento.

Os grupos de pessoas com interesses afins passam a ser considerados comunidades de conhecimento, que serão mobilizadas para a implementação das redes de conhecimento organizacional.

Ainda tendo a consideração das pessoas como o principal alicerce para a implementação das estruturas de informação e conhecimento, um ponto fundamental a ser tratado diz respeito à realização de um inventário das categorias de conhecimento tácito existente no ambiente organizacional, conforme se segue:

- Quem são as pessoas que detêm informação e conhecimento relevantes para as estratégias do negócio? Quantas são e onde estão localizadas? Quais as funções desempenhadas e cargos ocupados por essas pessoas na estrutura organizacional?
- Qual a natureza de conhecimento que essas pessoas detêm no sentido de contribuir para o desenvolvimento das competências essenciais estratégicas da organização?
- Qual seu nível de *expertise*, conhecimento formal adquirido em formação básica e complementar, experiência prática vivenciada (outras qualificações)?
- Qual o nível e o tipo de contribuição dessas pessoas para a criação e compartilhamento do conhecimento organizacional?
- Quais são as experiências passadas e as lições aprendidas com a inserção dessas pessoas em programas formais ou informais de criação e compartilhamento do conhecimento na organização?

Dessa forma, sintetizando as considerações anteriores, a dimensão humana nos processos de inovação nas organizações, embasada na informação e no conhecimento, se materializa em um tripé formado pela atuação individual das pessoas que dela fazem parte, pela ação integrada de seus "times de gestão" e comunidades – um bom time é mais importante do que o projeto no qual está envolvido – e pelas lideranças inovadoras.

Às lideranças inovadoras caberá a responsabilidade de motivar as pessoas e os grupos e de "fazer acontecerem" as iniciativas de inovação, estabelecendo vínculos efetivos com as estratégias e prioridades do negócio e agindo para promover a existência efetiva de uma cultura de compartilhamento dentro da organização.

Finalmente, a capacidade das pessoas para inovar com efetividade é condicionada pelas suas competências, notadamente seu conhecimento técnico e experiência adquirida relacionados a funções e tarefas específicas, e pela sua sensibilidade para perceber *insights* relevantes nas situações contextuais vividas.

Métodos e técnicas de apoio aos processos e às práticas de inovação

Como conclusão do presente capítulo, cabe uma descrição mais detalhada de alguns métodos e técnicas considerados instrumentos para apoio à geração de valor em processos de inovação, que são abordados ao longo deste livro. São eles o *design thinking*, o *business process model notation* (BPMN), as taxonomias e as ontologias.

Segundo Brown (2020:1), o "*design thinking* é uma abordagem criativa e focada na resolução de problemas e no ser humano". Ainda segundo esse autor:

> O *design thinking* se beneficia da capacidade que todos nós temos, mas que são negligenciadas por práticas convencionais de resolução

> de problemas [...] se baseia em nossa capacidade de ser intuitivos, reconhecer padrões, desenvolver ideias que tenham um significado emocional além do funcional, expressar-nos em mídias além de palavras ou símbolos [Brown, 2020:10].

Nessa linha, é uma abordagem que usa a sensibilidade e os métodos do *designer* para combinar as necessidades das pessoas com o que é tecnicamente viável e estrategicamente comercial para o negócio, de forma a converter as ideias em valor para o cliente e aproveitamento de oportunidades do mercado.

Na mesma linha, segundo Mauricio Vianna et al. (2012:17), "busca-se gerar ideias inovadoras através de atividades colaborativas que estimulem a criatividade".

Os mesmos autores propõem ainda que o *design thinking* se desenvolva em três etapas (Vianna et al., 2012).

- imersão preliminar: visa ao entendimento inicial do problema e, caso necessário, seu reenquadramento;
- imersão em profundidade: destina-se à identificação das necessidades dos atores envolvidos no projeto e prováveis oportunidades que emergem do entendimento de suas experiências diante do tema trabalhado;
- análise e síntese: tem como objetivo organizar esses dados visualmente, de modo a apontar padrões que auxiliem a compreensão do todo e a identificação de oportunidades e desafios.

As técnicas de *design thinking* são especialmente suscetíveis de serem usadas na dimensão epistemológica de criação e compartilhamento do conhecimento, sobretudo no modo de socialização, favorecendo a empatia e *insights* dos colaboradores internos, fornecedores e clientes, a ideação, as histórias e a formulação de cenários, entre outros aspectos.

O *business process model notation* (BPMN) é uma notação-padrão para modelagem e representação de processos de negócios por meio de diagramas, constituindo um instrumento de fácil entendimento pelos usuários envolvidos na sua concepção, implementação e utilização.

Segundo Oliveira e Almeida Neto (2009:39), "a modelagem visa criar um modelo de processos por meio da construção de diagramas operacionais sobre seu comportamento", permitindo a identificação de seus requisitos, retrabalhos, gargalos e ineficiências.

Nessa linha, o BPMN é bastante utilizado em processos de inovação associados à externalização, especialmente quanto ao redesenho e automação de fluxos de processos, gerenciamento eletrônico de documentos (GED), gestão documental e gestão de cadeias de valor e de processos de negócio.

As taxonomias são um caminho estruturado para a organização do conhecimento, a partir da classificação entre conceitos. Nesse sentido,

> as taxonomias, além de constituírem um instrumento intelectual para a classificação sistemática do conhecimento em qualquer domínio, têm ampla aplicação na concepção de portais institucionais, na estruturação de bibliotecas e outros acervos digitais, e nos sistemas de busca e recuperação de informações [Fleury, 2011:63].

São exemplos de taxonomias

> a Classificação Decimal Universal, que constitui um sistema de classificação bibliográfica utilizado pela biblioteconomia, a Classificação Decimal de Direito – CDD, e a classificação do conhecimento relacionado à tecnologia da informação proposta por Whatis.com [Fleury, 2011:63].

As ontologias constituem uma especificação formal e explícita de uma conceitualização compartilhada. Nessa definição, formal significa legível para computadores; especificação explícita diz respeito a conceitos, propriedades, relações, funções, restrições e axiomas explicitamente definidos; compartilhada quer dizer conhecimento consensual; e "conceitualização diz respeito a um modelo abstrato de algum fenômeno do mundo real" (Fleury, 2011:68).

Taxonomias e ontologias são métodos formais para especificação de requisitos voltados para a construção de ambientes de conhecimento, o que constitui um processo de inovação relacionado à classificação e à recuperação de informações em um determinado contexto.

Um exemplo aplicado de modelagem do conhecimento apoiado por uma estrutura de taxonomia e ontologia pode ser encontrado em *Modelo conceitual de ambiente de conhecimento para apoio à formação do convencimento do magistrado* (Fleury, 2011:146).

Neste segundo capítulo, discutiu-se o papel dos ativos intangíveis como recursos estratégicos para a diferenciação e inovação nos negócios, entendendo quais são os pilares básicos nos quais se sustentam na sociedade da informação e na economia baseada no conhecimento: informação; conhecimento e inteligência; tecnologias da informação e da comunicação; pessoas e times de alto desempenho.

No próximo capítulo – "Transformação digital no contexto da inovação" – é desenvolvida uma reflexão sobre as tecnologias mediadoras envolvidas nas comunicações e o conceito de objetos de fronteira entre comunidades de conhecimento, e a respeito da presença dos "trabalhadores digitais", os robôs, como ferramentas de produtividade e inovação das organizações.

3
Transformação digital no contexto da inovação

Conforme salientado anteriormente, a inovação nem sempre está relacionada ao uso de tecnologias da informação e da comunicação. Há que considerar, entretanto, que parte significativa e crescente dos processos de inovação está associada à transformação digital.

Como visto no capítulo anterior, uma série de tecnologias está à disposição das comunidades e empresas na mediação de suas práticas informacionais. Portanto, cabe neste capítulo tratar da transformação digital no contexto da inovação.

Assim, na gestão da inovação, a transformação digital ocupa papel destacado, não somente em relação à automação de processos, mas também na gestão e nas implicações na cultura organizacional.

Atualmente, a tecnologia mediadora envolvida nas comunicações gerou um grande aumento da quantidade de interações de produtores e consumidores de informação, produtos ou serviços.

Para viabilizar a continuidade dos negócios, as empresas de uma forma geral, mesmo aquelas ainda não envolvidas com *e-business* – negócios eletrônicos –, estão disponibilizando elementos mediadores conhecidos como *chatbots*, como canais integradores de comunicação e que serão conceituados neste capítulo como "objetos de fronteira" entre as comunidades de conhecimento.

Serão detalhadas as características desses objetos, o tipo de atividades que podem desempenhar e como podem ser inseridos no dia a dia empresarial, de forma a dar suporte ao maior volume de interações digitais.

É apresentado ainda um exemplo prático de implementação e de mapeamento e modelagem do conhecimento necessário para a estruturação da base de informação que dará suporte aos diálogos.

Objetos de fronteira e transformação digital – conceitos básicos

Objetos de fronteira são "artefatos (abstratos ou concretos) com o propósito específico de servirem de pontes de contato entre comunidades ou grupos sociais, facilitando a sua comunicação e entendimento" (Campos, 2018:14).

Partindo dessa definição e repensando o ambiente empresarial em qualquer tipo de organização, que normalmente é caracterizado por um conjunto de atividades que precisam ser realizadas diariamente pelas pessoas, algumas dessas atividades acabam sendo de cunho totalmente operacional e repetitivas e poderiam ser realizadas de forma automatizada, reservando para os seres humanos a parcela intensiva em conhecimento e caracterizada como inovação.

No curso de uma mudança muito mais profunda na estrutura dos negócios, alguns termos vêm sendo utilizados como símbolos dessas inovações, como é o caso da expressão "transformação digital", apresentada por David Rogers (2017:12) como "a transformação digital não tem a ver com tecnologia, tem a ver com estratégia e novas maneiras de pensar".

Essa premissa propõe repensar e otimizar os processos com que a organização entrega valor, de modo que a tecnologia realmente promova uma "reinvenção" ou novas formas de fazer o mesmo negócio. O autor defende que as forças digitais estão remodelando cinco domínios da estratégia: clientes, competição, dados, inovação e valor (Rogers, 2017). No domínio da inovação, apresenta-se o desafio da experimentação e dos testes de forma iterativa e alavancada pelas tecnologias digitais, que tornam hoje esse ciclo muito menos custoso e demorado.

Assim, o uso de aplicações "robôs", ou trabalhadores digitais, encurta esse caminho por meio de algoritmos programados para produzir maiores escalabilidade, padronização e rastreabilidade. Tarefas de cunho totalmente operacional e repetitivas em geral são caracterizadas pelo uso de teclado e *mouse* para inserir dados em sistemas, atualizar cadastros, coletar dados na internet, entre outras.

Essa situação em geral acaba fazendo com que as pessoas dediquem grande parte do seu tempo à execução de atividades pouco intensivas em conhecimento, induzidas o tempo todo a cometerem erros materiais e deixando de se concentrar no que realmente habilitaria a organização a dispor de melhores produtos e serviços.

A solução para esse tipo de perda de energia tem sido centrada na automação dessas atividades, nas quais é necessária a intervenção humana com baixo valor agregado, previsíveis e repetitivas, porém volumosas.

Elas podem ser sintetizadas em um conjunto de passos a serem executados por ferramentas conhecidas como *robotic process automation* (RPA) em conjunto com recursos de inteligência artificial e computação cognitiva, que permitem aos robôs de *software* "imitar" de forma bem precisa o comportamento humano diante das mais diversas situações, principalmente quando estamos diante de dados complexos e não estruturados.

Não se trata, portanto, apenas da inserção de dados em formulários de entrada, execução de *scripts* programados como macros, mas indo além, adicionando uma camada cognitiva que permite "entender" comandos em linguagem natural, analisar textos e semântica.

Há ainda uma compreensão equivocada de que a adoção de uma força de trabalho digital ocasionaria, ato contínuo, uma demissão em massa de pessoas. Sobre isso cabe uma reflexão: as empresas hoje já estão em geral suficientemente "enxutas" na sua operação e, em decorrência disso, têm sua capacidade de atendimento limitada, justamente porque as pessoas estão envolvidas em tarefas repetitivas e volumosas, sem considerar o grau de insatisfação que é gerado nelas por não estarem aprendendo algo novo e se robotizando em suas atividades.

Uma força de trabalho digital pode justamente liberar as pessoas para a execução de atividades criativas e de inovação, em que o uso do conhecimento é intenso. Além disso, dificilmente a operação como um todo será alvo da automação: em geral a automação é feita em "partes" do processo de trabalho, nas quais se concentram essas tarefas volumosas e repetitivas, por exemplo, recolher uma determinada taxa em um *site* com indicadores financeiros e inseri-la em uma planilha usada internamente para negociação de crédito.

Na figura 2, pode-se visualizar perfeitamente essa situação. Tem-se um processo de trabalho de concessão de crédito, nesse caso já diagramado em *business process model and notation* (BPMN), em que existem tarefas que são boas candidatas para automação.

Figura 2

Seleção de trechos para automação

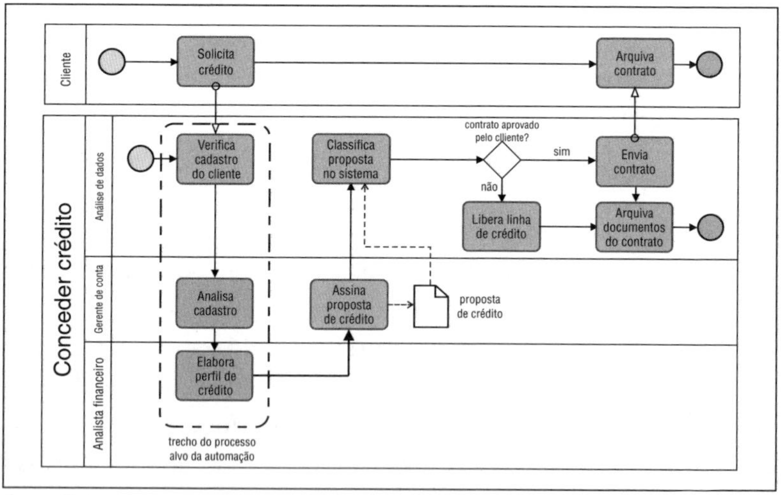

Fonte: Elaborada pelos autores.

Nesse sentido, os trechos do processo alvos de automação estão evidenciados no diagrama: verificação e análise do cadastro do cliente e elaboração do seu perfil de crédito.

Na hipótese considerada, apenas essas tarefas serão alvo do processamento por meio de um "robô", eliminando os gargalos em alguns trechos do processo e agregando valor tanto para os clientes, com a agilidade do processo, como para a empresa, que além da agilização ganha com a segurança da operação baseada em um volume de dados consistente para análise.

Mas a pergunta que fica é se o robô estaria habilitado a automatizar atividades mais complexas, de forma a compreender a linguagem dos seres humanos. O fato de que podemos adicionar inteligência artificial e capacidade cognitiva a essas aplicações significa que, além de simplesmente reproduzir a execução serializada dessas tarefas, podemos ampliar seu horizonte de execução, respondendo a situações não previstas com capacidade de decidir qual o melhor caminho para execução.

Para isso temos de fazer uso de outras tecnologias, além do RPA, e mais ainda envolvendo as pessoas, agora em uma ação de curadoria para auxiliar a ferramenta a "aprender" todas as possíveis variações em um processo de trabalho, bem como a tomada de decisão mais adequada.

Por exemplo, vejamos o caso dos assistentes virtuais (*chatbots*) tão comuns hoje em *sites* de *e-business* ou mesmo no setor bancário. Um bom exemplo é o caso do Banco do Brasil, em que 70% dos atendimentos já são feitos pelo assistente (Banco do Brasil, 2018).

A figura 3 ilustra um exemplo de um assistente virtual financeiro, produzido por uma *startup* fundada por brasileiros nos EUA – Olívia – e já instalada no Brasil, que conta com mais de meio milhão de usuários, sendo capaz de manter uma conversação processando linguagem natural, seja escrita ou falada, com um mínimo de botões.

Figura 3
Assistente virtual Olívia

Fonte: <www.olivia.ai/br/>.

O assistente virtual, conhecido pelo termo *chatbot*, junção das palavras *chat* ou *chatter* (a pessoa que conversa) e *bot*, abreviatura de *robot*, é um programa de computador (trabalhador digital) com a função de simular a conversação entre pessoas, reagindo a perguntas em linguagem natural e consultando uma base de conhecimento para interagir e responder.

Em geral esses robôs são chamados por nomes próprios, como no caso do assistente virtual Olívia, para justamente criar uma empatia com os usuários, como se estivessem verdadeiramente conversando com um ser humano.

Nas áreas da sociologia, da linguística e da ciência da informação, novas teorias estão surgindo para lidar com esses "objetos" não humanos em uma abordagem disruptiva, principalmente para a sociologia, contrariando sua origem primordialmente antropocêntrica, que tomava como pressuposto uma cisão entre aquilo que é humano e o que não é humano. Como lidar, ou melhor, fazer a curadoria da relação entre esses objetos e o ser humano? O primeiro sociólogo e filósofo a tratar pela perspectiva da análise social a relação de objetos com os seres humanos foi Bruno Latour (2006), na teoria ator-rede (ANT – *actor-network*).

As inovações tecnológicas cada vez mais presentes em nossas vidas precisam entrar na discussão sociológica do papel que esses objetos representam, uma vez que estão totalmente integrados às nossas práticas, construindo o que Latour (2006) chama de uma cadeia sociotécnica, que envolve nossas ações como humanos, as práticas sociais e o uso desses objetos, que, por sua vez, acabam por moldar e transformar nossos campos de ação.

Esses objetos, então, não são coisas inertes; são colocados lado a lado conosco, humanos, nessa perspectiva ator-rede, entendendo que sem eles nossas ações seriam outras, certamente mais trabalhosas.

Vejamos, por exemplo, a comunicação entre as pessoas, que era feita por meio de cartas enviadas via correio, passando por centros de distribuição e entregadores (carteiros), uma quantidade bem volumosa de atores envolvidos. A partir do momento em que são criadas essas redes sociotécnicas, em que a comunicação é praticamente instantânea, por meio de um artefato específico, estamos diante de uma nova forma de ação e de criação de novas realidades e consequências.

A tendência então é estudar esses elementos materiais, sejam humanos ou não, e até mesmo imateriais, como discursos, imaginários e eventos, todos fazendo parte de uma rede que se configura de forma multidimensional, compondo uma prática social. Esses objetos então nos permitem criar novos fluxos de ação, não só pelo aspecto tecnológico, mas nas ações humanas em relação a esses objetos.

Enfim, a tese de Latour (2006) é criar uma ontologia, uma visão de mundo em que uma série de agentes, humanos e não humanos, está constantemente interligada em redes, o que está bem alinhado com o mundo em que vivemos hoje, como é o caso da internet das coisas (IOT), na qual uma inteligência computadorizada é inserida em alguns objetos interligados em rede, interagindo com os seres humanos, por exemplo, uma geladeira que possui uma tela que informa a falta de algum produto dentro dela e que já oferece opções de onde podemos comprar esses produtos para suprir tal necessidade.

Outro exemplo interessante é o caso da nossa relação com os telefones celulares. Certamente, quando foram inventados, nossa relação com eles não foi previamente estabelecida; eles acabaram por moldar uma nova forma de comunicação usada por nós e, em função disso, o padrão de ação humana mudou, ou seja, uma construção social a partir de uma interação.

É nesse caminho que este capítulo apresenta uma teoria na área da ciência da informação que procura entender e configurar esses objetos numa perspectiva informacional, informação essa necessária ao ser humano para a tomada de decisão e que tem de ser cada vez mais ultimada no momento certo em que é vital.

Vamos abordar, então, esses objetos não humanos multifacetados e que permitem a troca de informações entre comunidades diferentes como objetos de fronteira (*boundary objects*).

O conceito de objetos de fronteira foi apresentado por Star e Griesemer (1989) e desde então aplicado nas áreas de sociologia e da ciência da informação. A observação da vida real por meio das lentes desses objetos nos permite entender os diversos atores envolvidos em atividades que necessitem da cooperação entre eles, ainda que tenham objetivos e pontos de vista diferentes.

Os autores recorrem a um exemplo do Museu de Zoologia Vertebrada de Berkeley (quadro 4), em que diferentes grupos sociais conectados ao museu necessitam cooperar, com motivações diferentes para tal.

Quadro 4

Exemplo de contexto: Museu de Zoologia de Vertebrados – Berkeley

Agente envolvido	Interesse
Diretor do museu	Entendimento científico da teoria da evolução
Colecionadores	Conservação ou *hobby*
Caçadores amadores	Potencial de lucro
Pesquisadores de universidades	Objetos de estudos científicos
Visitantes	Curiosidade

Fonte: Adaptado de Star e Griesemer (1989:394).

Cada agente interage com o museu com um propósito diferente e dentro de uma prática social característica do contexto em que habita. Assim, a capacidade desses atores de interagirem e cooperarem depende da criação de um objeto de fronteira, que, no exemplo fornecido, seriam as espécies que existem no museu.

Um objeto de fronteira é, então, qualquer objeto que ao mesmo tempo pertence a um contexto social e facilita a comunicação com outros contextos sociais. O importante é que esse objeto seja flexível o suficiente para transitar entre esses contextos e que seja rígido o suficiente para não perder sua identidade, que deve ser comum aos diferentes contextos sociais.

Outro fator para o sucesso da implementação de um objeto de fronteira é sua padronização ou modelagem informacional. Imagine que no caso do museu sejam usados diversos padrões de classificação das espécies.

A falta de uma estrutura taxonômica na modelagem do objeto de fronteira dificultará sua transição entre os diversos contextos sociais. No caso do assistente virtual (*chatbot*), que será explorado um pouco mais adiante, a informação armazenada em sua base de conhecimento deve seguir uma lógica de classificação, um vocabulário controlado, constituído de um glossário de termos principais e relacionados semanticamente de forma a estruturar a informação.

Ainda neste capítulo, apresenta-se a seguir uma proposta de classificação dos objetos de fronteira criada originalmente por Linair Campos (2018:484) e ilustrada na figura 4, em face da diversidade de aplicação desse conceito em um processo colaborativo: pela função que irá desempenhar, pelo objetivo específico do tipo de informação que irá manipular, pela concretude, pelo formato, pela granularidade e pela dimensão de uso.

Figura 4

Classificação de objetos de fronteira

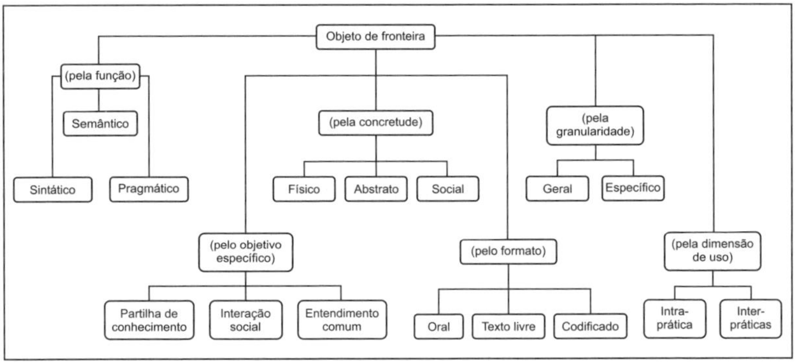

Fonte: Baseada em Campos (2018:484).

Sem entrar em mais detalhes quanto à taxonomia ilustrada na figura, cabe observar que, conforme a autora, "um mesmo objeto de fronteira, dependendo do contexto em que é usado, pode ser enquadrado em mais de uma classe, de acordo com o seu papel no contexto" (Campos, 2018:485).

Assim, uma ontologia, enquanto utilizada como base de um modelo conceitual, pode ser usada para partilha do conhecimento sobre um domínio. Entretanto, ainda de acordo com Campos (2018:485), "essa mesma ontologia, por meio de definições de seus conceitos, pode ser usada como base para uma terminologia de entendimento comum".

No escopo da gestão da inovação, tema deste livro, vamos a seguir nos concentrar em uma proposta de desenvolvimento de um objeto de fronteira para o dia a dia da vida das pessoas em centros urbanos no Brasil e suas necessidades informacionais.

Transformação digital e objetos de fronteira: uma inovação na relação entre poder público e cidadão

Para melhor ilustrar a aplicação de objetos de fronteira como modelos informacionais de inovação, vamos utilizar o contexto de uma cidade e a relação informacional entre o poder público e os cidadãos.

Trata-se de um tema estudado regularmente por quase meio século por pesquisadores em administração, psicologia, sociologia, planejamento urbano e outras disciplinas. No entanto, esse fenômeno de urbanização é acompanhado, em paralelo, por uma explosão informacional em que a transparência na divulgação de dados públicos requer a capacidade de entendimento e absorção dessas informações pela sociedade.

Segundo Figueiredo e Lamounier (1996), em sua obra *As cidades que dão certo*, a boa administração municipal é fruto da combinação de vários fatores, mas sem dúvida com destaque está "o máximo envolvimento possível da comunidade na formulação e na execução dos projetos" (Figueiredo e Lamounier, 1996:107), garantindo, assim, o apoio e a efetiva colaboração de seus futuros beneficiários.

Projetos como "cidades inteligentes" são empreendidos principalmente utilizando-se tecnologia para o processamento de vários tipos de dados, a fim de melhorar a eficiência dos serviços locais das cidades, fornecendo aos cidadãos informações urbanas detalhadas que facilitam as interações cidadão-infraestrutura, entre outras estratégias.

Nesse sentido, a cidade do Rio de Janeiro chegou a ser escolhida uma das "sete comunidades inteligentes do mundo" pelo Fórum da Comunidade Inteligente (ICF), uma entidade internacional que avaliou 300 cidades ao redor do mundo. O anúncio foi feito em janeiro de 2015, em Nova York.

O ICF destacou as iniciativas da prefeitura municipal para preparar a cidade para sediar os Jogos Olímpicos. No entanto, a definição do que pode ser considerado uma cidade inteligente no aspecto informacional ainda carece de um estudo mais profundo das dimensões e iniciativas relacionadas ao tema.

A ciência da informação (CI), contemporânea do movimento de evolução da sociedade moderna, tem como um de seus objetivos primordiais lidar com o problema crescente da explosão informacional, com vistas a organizá-la e dispô-la para quem dela necessitar. Como afirmam Wersig e Neveling (1975:118), "atualmente, transmitir o conhecimento para aqueles que dele necessitam é uma responsabilidade social, e essa responsabilidade social parece ser o verdadeiro fundamento da CI".

No caminho dessa vocação, a CI precisa exercer um papel mediador entre dois polos de oferta e demanda de informações, criando contexto e inteligibilidade. Portanto, estudar usuários e suas necessidades informacionais é a essência do conceito de mediação.

O papel mediador da CI pode ser comparado, por exemplo, a um telescópio ou um microscópio, que permitem a uma pessoa ou a um grupo de pessoas visualizar outro mundo que, em princípio, não poderia ser visto e compreendido diretamente. Para tanto, deve-se projetar um alinhamento das teorias científicas com as questões de caráter social da informação, que tanto podem atender ao sujeito individualmente quanto à coletividade.

Um cenário muito comum dessa necessidade de mediação são as informações geradas e consumidas no dia a dia da vida das pessoas, estejam elas em cidades consideradas inteligentes ou não por algum critério específico. Em geral, as práticas de busca de informação podem estar associadas a uma infinidade de atividades não relacionadas a tarefas profissionais, por exemplo, saúde e lazer.

As informações geradas no dia a dia das cidades, tais como impostos, dados de câmeras, GPS de ônibus, pluviometria, saúde pública e segurança, em conjunto com dados comportamentais da sociedade, como os relacionados a mobilidade urbana, redes sociais, entre outros, são produzidas de forma exponencial e são de interesse do cidadão, mas em geral, quando disponibilizadas, o são de maneira não estruturada e, na maioria das vezes, não aberta, de modo que tanto seu acesso como sua compreensão são profundamente dificultados.

Dados são considerados abertos quando qualquer pessoa é livre para acessá-los, usá-los, modificá-los e compartilhá-los. Trata-se, em essência, de uma questão de cidadania e inclusão social prover à sociedade ferramentas para acesso à informação sobre os dados primários abertos da cidade.

É imperioso, portanto, pensar em uma estrutura de organização da informação que possa alinhar as necessidades informacionais do cidadão com a política de disponibilização de dados pela gestão pública, e o objeto de fronteira na forma de um assistente virtual (*chatbot*) se apresenta como uma solução perfeitamente viável de implantação.

Modelagem informacional do *chatbot*

Na visão cognitiva, os processos de busca e uso de informações são baseados no diálogo e não nas ideias e motivos individuais. Essa fragilidade pode ser facilmente entendida se for analisado o processo gerador da necessidade de informação que parte do próprio sujeito, de sua realidade social, de sua atividade profissional ou mesmo de uma necessidade de informação não formalizada como uma demanda, e que não deixou de ser importante, mas que, pela falta de precisão do método de coleta de dados, foi sublimada.

Essa nova abordagem descreve que as pessoas negociam significado e constroem práticas a partir de ambientes de colaboração como o trabalho, o bairro onde vivem, grupos de amigos, família etc. "Todas as práticas humanas são sociais, e são originárias de interações entre os membros da comunidade" (Savolainen, 2007:121).

As pinturas rupestres, por exemplo, datadas do período paleolítico superior (40.000 a.C.) e gravadas em abrigos ou cavernas, tinham por finalidade preservar um registro de informação em um tempo em que não se dispunha de uma linguagem formal, seja falada ou escrita.

No entanto, a necessidade de registrar a informação era latente, dadas a volatilidade do ambiente e a conveniência de perpetuar novas técnicas de caça, de sobrevivência, ou mesmo para vangloriar-se de um feito importante para garantir o prestígio junto aos descendentes de um clã. Assim, o próprio usuário no seu contexto social produzia a informação e a modelava para consumo posterior.

A presença de uma terceira dimensão na relação entre usuário e informação é justamente caracterizada como uma prática informacional, criada dentro de um espaço social e modelada ao mesmo tempo pela necessidade de informação do usuário, pelo contexto e pelas informações disponíveis.

Exemplificando, se uma pessoa está procurando um imóvel para alugar, sua situação de empregabilidade será um objeto intrínseco de construção do diálogo informativo, segregando sua busca por imóveis mais caros ou mais baratos, levando em consideração também os custos de deslocamento para o trabalho, formando, assim, uma tríade entre sua necessidade de informação, a informação disponível e o contexto social vivido, seja ele familiar, educacional, profissional ou com a sociedade como um todo, por meio das redes sociais.

Bourdieu (2002:79), em sua teoria da prática, refere-se a esse fenômeno modelador como produto do *habitus*, "esse princípio gerador e unificador que retraduz as características intrínsecas e relacionais de uma posição em um estilo de vida unívoco, isto é, um conjunto unívoco de escolhas de pessoas, de bens, de práticas".

Assim, para construir práticas informacionais, torna-se necessário em primeiro lugar entender as práticas sociais e, a partir dessas, avaliar quais práticas informacionais podem ser construídas e que sejam subjacentes ao contexto como um todo. É necessário, então, descolar do paradigma pelo qual as pessoas interagem com a informação a partir de uma ação consciente para dar suporte a uma lacuna de conhecimento devido à sua atividade profissional ou outro tipo de atividade que esteja executando e que precise de suporte informacional.

Pamela McKenzie afirma, no artigo "A model of information practices in accounts of everyday-life information seeking", que a informação é recolhida e utilizada principalmente como um conjunto de subprocessos, contribuindo de forma complexa para uma prática social mais ampla, em vez de ser o centro da atenção de atores sociais", e sugere que o termo mais apropriado poderia ser até "informações na prática social", no lugar de "práticas informacionais" (Mckenzie, 2003:22).

O desenvolvimento de aplicativos de tecnologia nos dias de hoje está extremamente democratizado e ao alcance de qualquer pessoa. São várias opções gratuitas ou versões preliminares para testes que podem ser utilizadas para desenvolver o modelo de um objeto de fronteira sobre uma determinada área de conhecimento que constitua, como vimos anteriormente, uma prática social em que a informação será a ponte que liga comunidades e caracterizando uma prática informacional.

Para o desenvolvimento de assistentes virtuais (*chatbots*), como será exemplificado aqui, as plataformas mais conhecidas são mostradas no quadro 5.

Quadro 5
Plataformas para desenvolvimento de *chatbots*

Plataforma	***Site***
IBM Watson	www.ibm.com/watson/br-pt/
Google Dialogflow	https://dialogflow.com/
Amazon AWS Chatbot	https://aws.amazon.com/pt/chatbot/
Microsoft	https://dev.botframework.com/
ManyChat	https://manychat.com/
Botsify	https://botsify.com/
Morph	https://morph.ai/
Chatfuel	https://chatfuel.com/
Bluelab	www.bluelab.com.br/

Fonte: Elaborado pelos autores.

Cabe aqui ressaltar que, independentemente da plataforma utilizada, para a lógica para desenvolvimento do assistente, serão necessárias duas providências iniciais:

- definição da taxonomia da informação a ser armazenada na base de conhecimento;
- definição de intenções, entidades e diálogos conversacionais.

No caso que estamos analisando, as práticas informacionais do usuário/cidadão, podemos fazer uso de algumas taxonomias já desenvolvidas ou criar uma com foco em alguma área específica.

Vamos utilizar as dimensões sugeridas pelo modelo apresentado por Giffinger, Haindlmaier e Kramar (2010) e adotar uma taxonomia que serve de base para a organização da informação que será o signo do diálogo informativo entre o cidadão e o poder público, baseada em seis constructos principais e suas dimensões correspondentes, e que possam ser representados pela figura 5 a seguir, em forma de um mapa mental:

Figura 5

Proposta de taxonomia baseada em Giffinger, Haindlmaier e Kramar

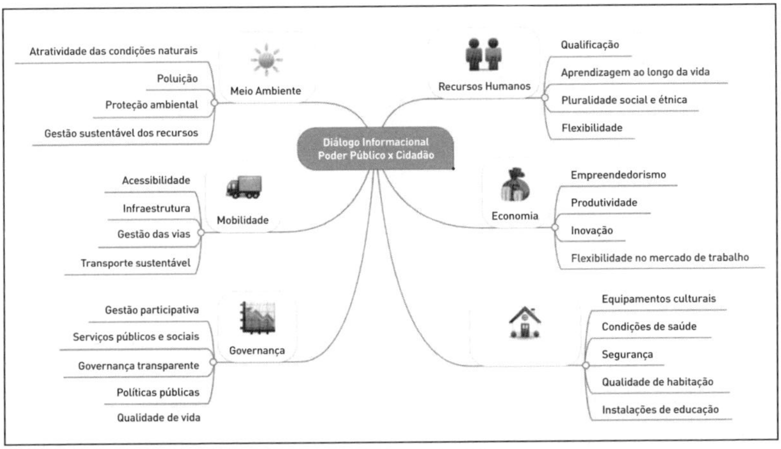

Fonte: Adaptada de Giffinger, Haindlmaier e Kramar (2010).

Uma vez definida a taxonomia, será necessário desenvolver a base de conhecimento estruturada nas seguintes dimensões, apresentadas na figura 6.

Figura 6
Dimensões para construção da base de conhecimento do assistente

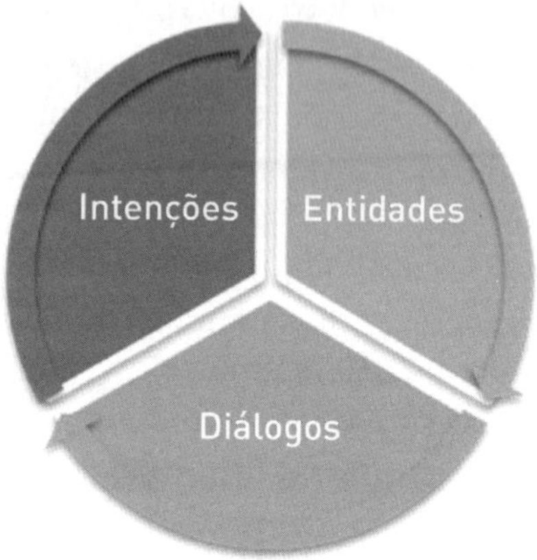

Fonte: Elaborada pelos autores.

Essas dimensões podem ser descritas da seguinte forma:

1) *Intenções*: representam o propósito, objetivo. Ao reagir a uma frase escrita ou falada do usuário, devemos entender: "Qual é o propósito dele ao fazer essa pergunta?" As intenções então são descritas como exemplos de perguntas ou assertivas que o usuário pode fazer e o mecanismo de inteligência artificial começa a aprender a enquadrar a intenção em uma das perguntas ou assertivas registradas.

   Por exemplo, o usuário poderia perguntar: "Onde posso me vacinar contra a dengue?" Para resposta a essa pergunta, é necessário ter uma intenção registrada relacionada na taxonomia apresentada, que nesse caso seria "qualidade de vida – condições de saúde".
2) *Entidade*: considerada complemento da informação. É usada para diferenciar uma frase da outra. Por exemplo, para a

pergunta acima podemos criar duas entidades: "centros de vacinação públicos" e "clínicas privadas" e, com isso, tentar resolver uma ambiguidade que pode melhorar a qualidade da interação do assistente.

3) *Diálogos*: é nesse ponto que se cria toda a árvore de decisão do assistente. Une-se a intenção com a entidade (se houver) e cria-se todo o fluxo de diálogo. Por exemplo, caso o assistente detecte a intenção "qualidade de vida – condições de saúde – vacinar", independentemente de como essa pergunta for formulada, o assistente pode ainda incrementar a interação, perguntando sobre a região da cidade desejada e listando os centros de vacinação ou clínicas privadas daquela região.

   Essa forma de desenvolvimento pode ser usada em qualquer tipo de plataforma de desenvolvimento de assistentes virtuais que utilizam inteligência artificial. O assistente vai sendo "treinado" a cada interação e vai melhorando a qualidade das respostas. Um trabalho de curadoria que é feito é ir ajustando as respostas que devem ser dadas em situações ainda não previstas e que o assistente tenha dificuldade de processar.

É muito comum também a integração desses assistentes com sistemas já existentes. Por exemplo, após a interação descrita acima, o sistema poderia providenciar um agendamento para a vacinação. Da mesma forma e por outro ponto de vista, o poder público pode dimensionar sua capacidade de atendimento em função da demanda percebida.

Os objetos de fronteira nos processos de inovação se constituem como uma alternativa apropriada para adequação das práticas sociais utilizadas por diversos tipos de comunidades que precisem trocar informação de forma estruturada e por meio de uma base de conhecimento previamente modelada para servir de ponte entre essas comunidades, mantendo sua identidade de propósito, mas flexível o suficiente para atender aos diversos pontos de vista e a necessidades informacionais diversas.

Dessa forma, sintetizando as considerações anteriores, não se trata apenas da aplicação de tecnologia nas práticas informacionais como proposta de inovação, mas, sim, da organização e classificação da informação que circulará nessas plataformas de modo inteligível como base para tomada de decisão.

Neste capítulo, foi apresentado o modelo de práticas informacionais baseado em objetos de fronteira, bem como uma aplicação exemplificada na relação entre poder público e cidadão.

Esses modelos informacionais baseados em objetos não humanos que utilizamos no dia a dia, seja para pedir uma comida, para solicitar um táxi, para pesquisar uma informação médica ou cultural etc., farão cada vez mais parte das nossas vidas e, dado o volume de informações que serão transacionadas, será fundamental estabelecer métodos que simulem o modelo mental humano em suas práticas informacionais de maneira que a comunicação entre os seres humanos e esses objetos seja profícua.

O próximo capítulo contempla a importância estratégica da gestão do conhecimento para a inovação. O conceito e aplicação dos objetos de fronteira, como os *chatbots* aqui apresentados, irão se integrar com as práticas de gestão do conhecimento que serão elencadas.

4
Gestão do conhecimento e sua importância estratégica para a inovação

A gestão do conhecimento constitui uma disciplina recente, nascida ao longo dos anos 1990 e que ganhou relevância nos anos 2000, a partir das obras pioneiras de Nonaka e Takeuchi (1997), Edvinsson e Malone (1998) e Pierre Lévy (1998), entre outros. Nessa linha, consolidou-se nos últimos 25 anos, propiciando as condições para torná-la uma disciplina autônoma e com valor acadêmico e estratégico próprio.

Assim, ela é vista como um importante instrumento para a inovação de processos e serviços. Com isso, as empresas no setor privado têm oportunidade de aumentar sua produtividade, manter os atuais clientes e conquistar novos, e tornar-se mais competitivas.

Nas organizações públicas, conforme salientado por Batista (2012:18), a inovação é voltada para o aumento da eficiência e para a melhoria da qualidade dos serviços públicos prestados à população.

Daí a relevância deste capítulo, que trata da gestão do conhecimento como fator estratégico e de sustentabilidade organizacional e seus impactos no processo de inovação, tendo como referência pesquisas publicadas e relatos de experiências que constatam a influência de suas práticas no desempenho organizacional.

Gestão do conhecimento como fator estratégico e de sustentabilidade da organização

A partir do entendimento do conceito de inteligência competitiva nas organizações, como definido precedentemente, a gestão do conhecimento ganhou relevância como fator estratégico e de sustentabilidade corporativa.

Nesse sentido, cabe ressaltar o processo estratégico de mapeamento do panorama do conhecimento organizacional, uma tradução para a expressão *knowledge landscape mapping* (Wiig, 2004:284), por meio do qual se busca realizar um inventário das categorias de conhecimento existentes na organização, especialmente na dimensão do conhecimento tácito, como já apontado na seção "Pessoas e times de alto desempenho".

Finalmente, cabe ainda salientar a dimensão processual da gestão do conhecimento, que consiste na articulação dos processos de mobilização sistemática das ações de indivíduos ou grupos, por intermédio de mecanismos formais de funcionamento e meios tecnológicos de apoio, embasados em um conjunto sequencial e dinâmico de atividades, conforme apresentado na figura 7.

Figura 7
Dimensão processual da gestão da informação s do conhecimento

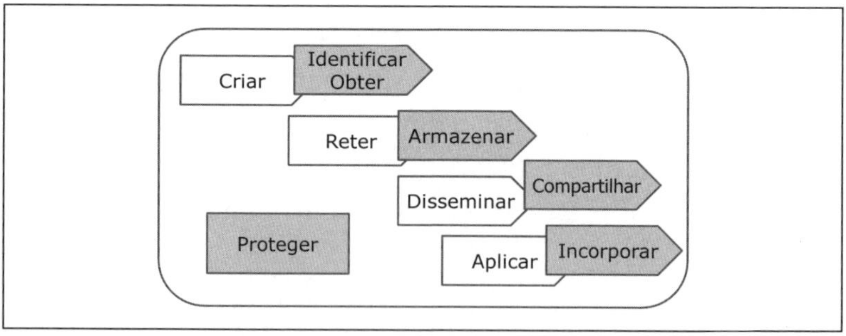

Fonte: Elaborada pelo autor com base em Rodriguez y Rodriguez (2010:15).

Cada uma das etapas pode ser descrita da seguinte forma:

- Criar/identificar/obter: busca a criação, identificação e obtenção das informações e conhecimentos necessários para atender aos processos de gestão, assegurando o acesso às fontes de sua disponibilização no ambiente interno (ambientes de dados estruturados e não estruturados) ou externo (bases de dados, redes sociais, documentos publicados na *web* e outros ambientes de aquisição de dados estruturados e não estruturados).
- Reter/armazenar: consiste em explicitar, sistematizar e reter a informação e o conhecimento considerados críticos para o sucesso do negócio. Nas situações relacionadas à experiência e à especialização das pessoas, existentes de forma tácita, o processo de retenção consiste em colocar os detentores do conhecimento em contato com outras no sentido de viabilizar a transferência do conhecimento tácito.
- Disseminar/compartilhar: envolve a promoção de um ambiente propício e favorável para a colaboração entre as pessoas e comunidades visando à troca de informação e conhecimento, tendo como resultado o desenvolvimento contínuo de uma inteligência coletiva na organização.
- Aplicar/incorporar: essa atividade tem por finalidade a aplicação objetivada dos acervos de conhecimento explícito e do conhecimento tácito das pessoas nos processos do negócio, tendo como consequências a melhoria dos produtos fornecidos e dos serviços prestados, maior satisfação dos clientes e melhores resultados para a gestão, entre outros aspectos.
- Proteger: nessa atividade busca-se proteger os acervos explícitos de conhecimento disponíveis e garantir o acesso seguro e controlado das pessoas a eles.

Perspectivas epistemológicas quanto à gestão do conhecimento

Conforme definido por Hislop quanto à epistemologia:

> É a filosofia que aborda a natureza do conhecimento, preocupada com questões como: o conhecimento é objetivo e mensurável? O conhecimento pode ser adquirido ou é decorrente da experiência? O que é considerado como conhecimento válido e por quê? [Hislop, 2005:13].

Nesta linha, existem dois campos epistemológicos no debate contemporâneo sobre a natureza do conhecimento: de um lado, está o que é chamado de perspectiva objetivista, enquanto do outro lado, com uma visão radicalmente diferente, está o que é conhecido como perspectiva do conhecimento baseada na prática.

Na perspectiva objetivista, o conhecimento é entendido como emergindo da aplicação e do uso produtivo de dados e informações, tendo como base a interpretação e anexação de significado dentro de determinada perspectiva de análise.

Na perspectiva baseada na prática (empírica), o conhecimento é considerado não uma entidade codificável, mas sim um objeto associado de forma inseparável à prática, conectando indissoluvelmente o saber com o fazer.

Os quadros 6 e 7, que se seguem, apresentam as principais características das perspectivas objetivista e empírica.

Quadro 6

Epistemologias do conhecimento perspectiva objetivista

1. O conhecimento é derivado de um processo intelectual. O conhecimento é algo que está na cabeça das pessoas, mas basicamente é possível codificá-lo. Assim, seu desenvolvimento e produção provêm de uma reflexão intelectual individual (ou coletiva), constituindo-se primariamente em um processo cognitivo.
2. O conhecimento é um processo "desincorporado" das pessoas. O conhecimento é um "objeto" que as pessoas possuem, mas pode existir independentemente delas sob diversos formatos codificados, como documentos, diagramas, sistemas computacionais, ou embutido em artefatos físicos como filmes, CDs, máquinas etc.
3. O conhecimento é visto como um "fato objetivo, registrado ou sabido por pessoas ou grupos". É sempre possível desenvolver conhecimento e entendimento a respeito de determinado fato ou processo, independentemente da subjetividade de cada pessoa.
4. O conhecimento existe sob forma explícita ou implícita. As formas explícita e implícita de conhecimento não representam os pontos extremos de um espectro, constituindo dois aspectos distintos com características particulares e específicas. A perspectiva objetivista privilegia o conhecimento explícito sobre o implícito.

Fonte: Hislop (2005:15).

Dessa forma, a perspectiva objetivista pressupõe que o processo de gestão do conhecimento deve essencialmente buscar a ampliação do "conhecimento objetivado" na organização, notadamente por meio:

1) da documentação de rotinas e "melhores práticas";
2) da formalização de padrões e critérios;
3) da preservação e reutilização de conhecimento produzido nas ações do dia a dia;
4) do registro formal de experiências por meio de "narrativas" (*storytelling*);
5) do registro formal de habilidades, experiências e qualificações (banco de talentos);
6) da utilização de sistemas computacionais para apoio à análise de dados e informações e ao processo decisório; e

7) de mecanismos automáticos de busca nos ambientes de bancos de dados informatizados internos ou no ambiente externo por meio da *web*.

Quadro 7
Epistemologias do conhecimento – Perspectiva baseada na prática (empírica)

1. O conhecimento está "entranhado" na prática/no fazer. O conhecimento não é visto como um "objeto discreto" que possa ser codificado e separado das pessoas. Nessa perspectiva, o conhecimento ou, como preferem alguns autores, a compreensão, é inseparável da atividade humana e de sua percepção e aplicação prática, por meio da qual ele se "personaliza" em relação a cada indivíduo.
2. O conhecimento é um processo "incorporado" nas pessoas e socialmente construído. O conhecimento e a compreensão são "duas faces de uma mesma moeda", e cada indivíduo "constitui uma moeda distinta". Desta forma, cada pessoa produz ou interpreta individualmente os objetos explícitos de conhecimento e os contextualiza em relação às suas atividades. Adicionalmente, o conhecimento é socialmente construído, no sentido de que está "embutido" na cultura de cada ambiente social específico.
3. O conhecimento é visto como um "fato compreendido e aplicável de forma pessoal". O conhecimento e a compreensão se desenvolvem por meio da prática; à medida que as pessoas conduzem atividades e tarefas, elas acumulam novas experiências e mudam sua perspectiva e compreensão a respeito de determinado fato e do contexto de conhecimento a ele relacionado. Assim, o processo de conhecer nunca se completa, em nível individual ou grupal.
4. O conhecimento existe na forma explícita e implícita. A partir das considerações anteriores, a existência do conhecimento se configura como uma forte interseção de explícito e implícito, levando-se em conta cada pessoa individualmente ou categorias de trabalhadores como comunidades específicas.

Fonte: Hislop (2005:27).

Assim, a perspectiva empírica pressupõe que, a despeito dos benefícios analíticos evidentes da busca do "conhecimento objetivado", ela deturpa e simplifica a questão da complexidade do conhecimento organizacional.

Nesse sentido, o processo de gestão do conhecimento deve essencialmente buscar a formação de uma rede de conhecimento, por meio da articulação das diversas "comunidades/culturas de conhecimento" existentes no ambiente organizacional, especialmente por processos de socialização, observação e desenvolvimento de práticas.

Ainda na linha da perspectiva empírica, não importando quão explícitos e bem formulados estejam os mecanismos e as regras para conduzir as ações, sempre existirá algum grau de ambiguidade ou de incerteza que tornará a aplicação do conhecimento dependente de cada circunstância ou sujeito específico.

Tendo como referência as principais características das duas perspectivas epistemológicas quanto à gestão do conhecimento, são a seguir descritos os processos e práticas de gestão do conhecimento que contribuem para o processo de inovação nas empresas.

A gestão do conhecimento no processo de inovação

Nos processos de inovação, ambas as perspectivas epistemológicas anteriormente descritas são relevantes, e a predominância de uma ou outra vai depender das características culturais e dos processos de negócio de cada caso específico.

Utilizando a conceituação de processos proposta por Allee (2003:266), "uma série de ações, mudanças, ou funções que produzem um resultado, serão consideradas quatro abordagens relacionadas aos processos de criação e disseminação do conhecimento nas organizações:

- ciclos do conhecimento (Skyrme);
- círculo do conhecimento (Tissen, Andriessen e Deprez);
- dinâmica da inovação e processos de conhecimento (Hislop);
- espiral do conhecimento (Nonaka e Takeuchi).

Ciclos do conhecimento

Segundo David Skyrme (1999), existem dois ciclos básicos relacionados ao conhecimento nas organizações: inovação e compartilhamento.

> O ciclo de inovação representa uma progressão da criação da ideia (conhecimento não estruturado) para um conhecimento mais estruturado e reprodutível incorporado a processos ou produtos, enquanto o ciclo de compartilhamento compõe-se de atividades relacionadas à captação e disseminação do conhecimento existente, tendo como ponto focal um repositório de conhecimento [Skyrme, 1999:61].

Cada uma dessas atividades foi assim definida por ele:

1) Quanto ao ciclo de inovação
   - criação: novas ideias são criadas. A rede de conhecimento estimula a "fertilização cruzada" de ideias a partir de diferentes perspectivas de pessoas ou grupos;
   - codificação: a descrição de um processo ou um projeto de protótipo é desenvolvido, dando corpo a uma ideia mais concreta e transferível para outros;
   - materialização: nesse estágio, o protótipo ou o processo é materializado em atividades de fabricação ou em procedimentos organizacionais;
   - difusão: produtos são distribuídos no espaço de mercado, ou processos são implementados na organização. O ciclo se fecha com o surgimento subsequente de novas ideias relacionadas a melhorias no produto ou no processo.

2) Quanto ao ciclo de compartilhamento
   - captação: o conhecimento existente é captado rotineiramente ou de forma esporádica, sendo sua existência formalmente registrada em um repositório de conhecimento;
   - organização e armazenamento: o conhecimento é classificado e armazenado, geralmente utilizando um esquema de classificação específico;
   - compartilhamento e disseminação: o conhecimento pode ser rotineiramente encaminhado para aquelas pessoas cujo interesse por ele é conhecido, ou pode ser veiculado em eventos ou encontros específicos, voltados ao compartilhamento de conhecimentos tácitos;
   - acesso: o conhecimento é tornado facilmente acessível a partir de uma base de dados (banco de conhecimentos), usando estruturas de intranets e mecanismos de busca;
   - uso e exploração: o conhecimento é usado como parte de um processo de trabalho. Por meio do seu uso, conhecimento adicional é gerado e o ciclo se repete de forma contínua.

O modelo proposto por Skyrme (1999) ilustra o crescimento e a contribuição do *networking* nas ações de inovação:

> Na década de 1980, o modelo padrão de inovação era um processo linear, da pesquisa ao *design*, desenvolvimento e fabricação. Agora, muitos desses processos são realizados simultaneamente e de forma colaborativa por meio de redes [Skyrme, 1999:16].

Dessa forma as redes colaborativas tendem agora a ser encontradas no centro da maioria das inovações bem-sucedidas.

Círculo do conhecimento

Outra abordagem sobre o conhecimento nas organizações foi desenvolvida por Tissen, Andriessen e Deprez (1998). Para eles, o conhecimento decorre de três fontes principais: a informação, o intelecto e a interação, e se desenvolve em um contexto específico por meio de três processos fundamentais: a retroalimentação (*feedback*), a cognição e a socialização.

A relação entre tais variáveis é ilustrada na figura 8 como se segue.

Figura 8

Círculo do conhecimento

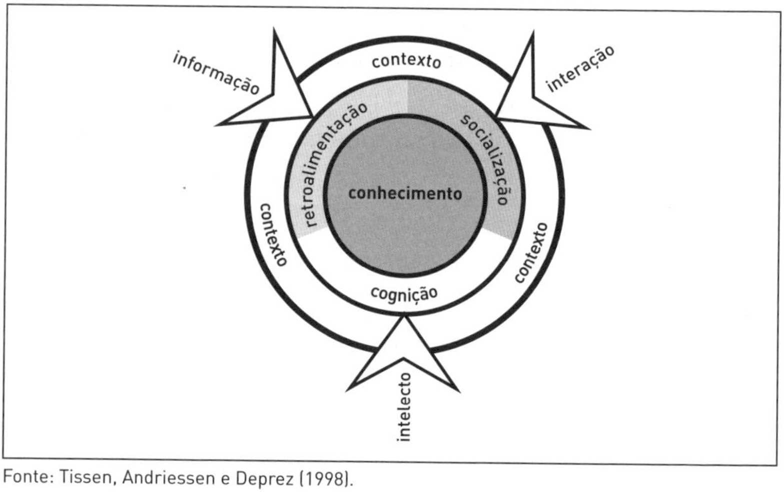

Fonte: Tissen, Andriessen e Deprez (1998).

Assim, conforme apresentado na figura 8, esses autores postulam que "os três (I)s – Informação, Intelecto e Interação – são os blocos de construção do conhecimento e unem forças no Círculo do Conhecimento" (Tissen, Andriessen e Deprez, 1998:170).

Ainda de acordo com os mesmos autores, "informação, intelecto e interação também interagem entre si" (Tissen, Andriessen e Deprez, 1998:171), e o conhecimento origina-se mediante três processos básicos – a retroalimentação, a cognição e a socialização –, que também se constituem nos meios fundamentais para a construção do conhecimento em nível de grupos, comunidades e organizações, a partir do conhecimento individual de cada pessoa.

Nessa linha, cada indivíduo possui, predominantemente, um estilo de aprendizado relacionado a cada um dos três processos básicos, com as seguintes características:

- *Aprendizado baseado na informação (retroalimentação)* – As pessoas são particularmente interessadas por cifras e resultados. Antes de tomar uma decisão, reúnem dados e os analisam. Tentam aprender o máximo possível sobre suas decisões pela análise dos resultados. Quando leem jornais ou revistas, sua atenção é voltada para gráficos e estatísticas. Utilizam cifras para comparar as mais importantes partes de sua empresa com outras empresas ou com *benchmarks*.
- *Aprendizado baseado no intelecto (cognição)* – Os indivíduos que possuem esse estilo raciocinam apoiados em conceitos, modelos e teorias. Antes de tomar uma decisão, gastam um tempo para pesar os prós e os contras. Aprendem principalmente pela observação e tradução do que veem em regras gerais aplicáveis. Estão sempre à procura de novas ideias e visões a respeito do mundo. Quando leem jornais e revistas, sua atenção é voltada para descrições conjunturais e modelos. Leem regularmente livros e se interessam por aprendizados de outras empresas e descrição de melhores práticas.
- *Aprendizado baseado na interação (socialização)* – Nesse estilo, as pessoas gastam grande parte do seu tempo ouvindo os outros. Antes de chegarem a uma decisão, categorizam as opiniões de todos os envolvidos, usualmente buscando encontrar um consenso. Apreciam trabalhar em times com pessoas de habilidades e experiências diversificadas. Aprendem largamente pela observação de outros e enfrentando os problemas em conjunto. Quando leem jornais e revistas, sua

atenção é direcionada para entrevistas e histórias a respeito de outras pessoas.

A percepção dos estilos de aprendizado predominantes na empresa e dentro de cada grupo é extremamente relevante, no sentido de permitir a formulação de estratégias quanto à gestão do conhecimento compatíveis com os valores do ambiente objeto da intervenção, diminuindo as resistências e favorecendo a adesão ao processo.

Completando a abordagem sobre o círculo do conhecimento, Tissen, Andriessen e Deprez (1998) salientam que o contexto do ambiente do negócio (o objeto do negócio) também tem influência direta no processo de construção do círculo virtuoso do conhecimento.

A relevância do modelo do círculo do conhecimento reside essencialmente no papel atribuído às pessoas no processo de inovação e no aproveitamento das características de aprendizado específicas de cada um, de forma a favorecer sua atuação no sentido de contribuir para a inovação.

Dinâmica da inovação e processos de conhecimento

Entre os autores que tratam dos aspectos ligados ao conhecimento nas organizações, Hislop (2005) aborda a questão a partir da postulação de que o processo de inovação está preocupado em projetar e implementar deliberadamente mudanças nos produtos, serviços, estruturas ou processos de uma organização.

De acordo com o autor, tal contexto é moldado por uma série de fatores, tais como as mudanças rápidas nas tecnologias da informação e comunicação, bem como por processos de globalização e internacionalização das instituições.

Ele ainda salienta a forma como a literatura contemporânea sobre processos de inovação reconhece cada vez mais a importância do conhecimento:

> sua inter-relação significa que não é controverso sugerir que os processos de inovação são fundamentalmente processos de conhecimento, envolvendo a criação, utilização, gestão e manipulação do conhecimento [Hislop, 2005:163].

Ainda, Hislop salienta que isso é feito de duas maneiras contrastantes:

> examinando primeiro o trabalho influente de Nonaka e seus colaboradores na criação de conhecimento e, em segundo lugar, como as características gerais do conhecimento afetam a dinâmica dos processos de inovação [Hislop, 2005:163].

Estreitando suas ideias com as de Nonaka e seus colaboradores, ele apresenta em sua obra o entendimento da dinâmica do processo de criação do conhecimento, como ilustrado na figura 9.

Figura 9

As três camadas da criação do conhecimento

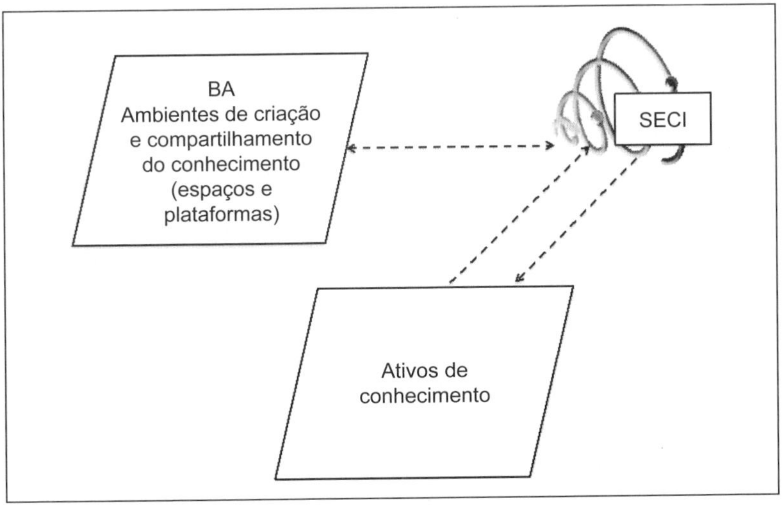

Fonte: Hislop (2005:164).

A primeira camada, SECI, é a clássica espiral do conhecimento proposta por Nonaka e Takeuchi (1997): socialização, externalização, combinação e internalização, consistindo em um processo contínuo e interativo para criar e compartilhar o conhecimento em um determinado contexto organizacional e nas suas relações com o ambiente externo.

A segunda camada, rotulada como BA, refere-se aos contextos de espaços e plataformas nos quais ocorrem a criação e o compartilhamento do conhecimento: locais físicos, como um escritório (ou uma sala de aula), espaços virtuais, como ambientes nas redes sociais (ou na intranet organizacional), ou plataformas de *software* para apoiar a discussão de ideias entre pessoas interessadas em um tema comum, como os fóruns de discussão e as comunidades de práticas.

Como decorrência da evolução das tecnologias da informação, incluímos ainda nesse contexto de espaços e plataformas a computação em nuvem, os dispositivos de mobilidade, como os *smartphones*, e a inteligência artificial.

A terceira camada, "ativos do conhecimento", abrange quatro categorias:

- conhecimento derivado da experiência e da formação das pessoas: o conhecimento tácito (que pode ser compartilhado);
- conhecimento conceitual: conhecimento explícito registrado na forma de linguagens formais, como textos, fluxogramas, taxonomias e ontologias;
- conhecimento rotineiro: incorporado em rotinas e práticas organizacionais na forma tácita;
- conhecimento sistêmico: explicitado em sistemas de organização do conhecimento, como *big data*, *analytics* e inteligência artificial.

A seguir apresentamos a ideia original de Nonaka e Takeuchi (1997) sobre a espiral do conhecimento, considerada na literatura como a base conceitual que fundamentou as ideias subsequentes de uma série de autores no domínio da gestão da inovação e do conhecimento.

Espiral do conhecimento

Nonaka e Takeuchi (1997) se destacaram com uma abordagem na qual a criação do conhecimento deve estar embasada em duas dimensões – a epistemológica e a ontológica –, conforme ilustrado na figura 10.

Figura 10

A espiral do conhecimento organizacional

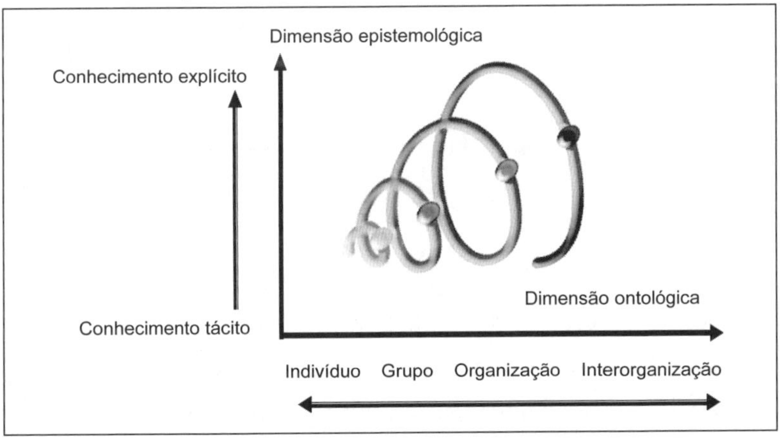

Fonte: Nonaka e Takeuchi (1997).

As duas dimensões são apresentadas a seguir em sua relação com o processo de inovação organizacional.

Na dimensão epistemológica, o conhecimento sempre nasce na forma tácita e daí evolui para o modo explícito. Os processos de criação e compartilhamento do conhecimento envolvem interações do conhecimento tácito com o conhecimento explícito sob quatro modos: socialização, externalização, combinação e internalização, ilustrados na figura 11.

Figura 11
Dimensão epistemológica do conhecimento organizacional (SECI)

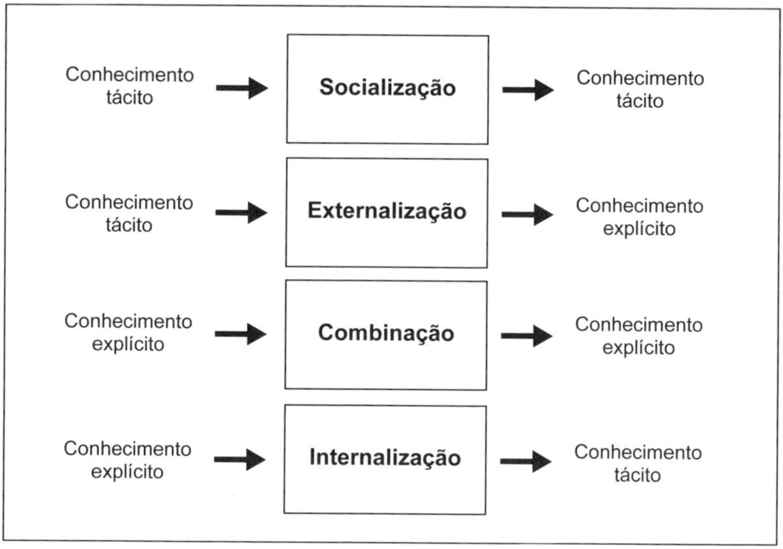

Fonte: Nonaka e Takeuchi (1997).

Conforme Nonaka e Takeuchi (1997:69), "a socialização é um processo de compartilhamento de experiências e, a partir daí, da criação de conhecimento tácito, como modelos mentais ou habilidades técnicas compartilhadas".

Ela pode ocorrer exclusivamente no ambiente interno da organização ou envolver clientes e parceiros externos. Algumas modalidades clássicas de socialização são o *brainstorming* para a discussão de problemas e encontro de soluções, o compartilhamento de habilidades técnicas dentro de uma equipe e as interações com clientes e parceiros na cocriação de ideias para desenvolver produtos e para compartilhar experiências após seu lançamento no mercado.

A externalização trata da articulação de conhecimento tácito em conceitos explícitos, expressos na forma de metáforas, analogias, hipóteses ou modelos formais. Nesse modo, os indivíduos ou grupos formalizam conhecimentos tácitos compartilhados por meio de abstrações, descrições, padrões e fluxos associados a processos de negócios.

A combinação sistematiza conceitos em um sistema de conhecimento, envolvendo a reunião e integração de diferentes conjuntos (corpos discretos) de conhecimento explícito para chegar a um nível superior a que poderíamos chamar metaconhecimento.

Alguns exemplos de metaconhecimento são:

- análises descritivas, diagnósticas, preditivas e prescritivas, decorrentes do uso de *software* de *big data analytics*;
- indicações personalizadas de produtos e serviços a partir de algoritmos de recomendação suportados por *machine learning*;
- descoberta de conhecimento em textos, por meio do entendimento de linguagem natural.

A internalização é a ação cognitiva de incorporação do conhecimento explícito no conhecimento tácito, estando estreitamente relacionada ao princípio de aprender fazendo. Nessa linha, a internalização ocorre quando "um indivíduo converte conhecimento explícito codificado em documentos e sistemas em conhecimento tácito incorporado, pela sua aplicação nas suas tarefas do dia a dia" (Hislop, 2005:16).

Na dimensão ontológica são reconhecidos quatro níveis de entidades criadoras e compartilhadoras do conhecimento a partir do indivíduo até o conhecimento organizacional consolidado. A criação e compartilhamento do conhecimento pode ser compreendida a partir da figura 12.

Figura 12
Dimensão ontológica do conhecimento organizacional

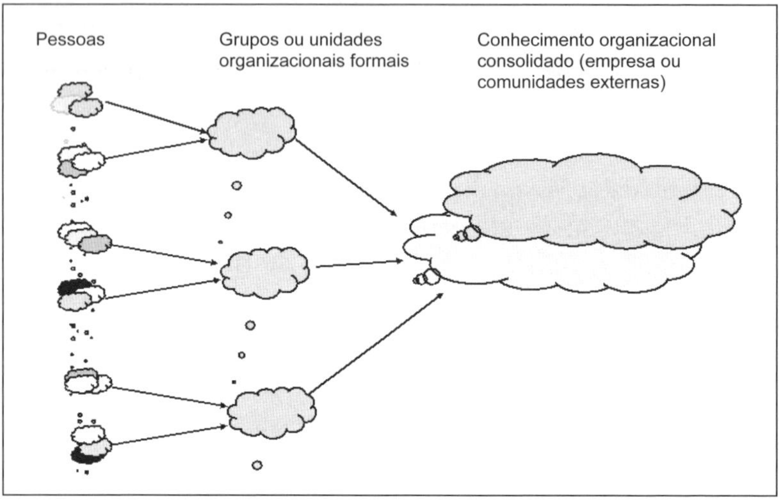

Fonte: Nonaka e Takeuchi (1997).

Como proposto por Nonaka e Takeuchi (1997:65), "em termos restritos o conhecimento só é criado por indivíduos", ou seja, inicialmente ele constitui propriedade isolada de cada pessoa na organização.

A partir da implementação efetiva dos modos de criação e compartilhamento do conhecimento, ele, de modo gradual, se expande individualmente de pessoas para grupos e unidades organizacionais formais, tornando concreto o conceito de conhecimento organizacional consolidado: ativos de informação, conhecimento e inteligência distribuídos em diversos espaços físicos ou virtuais e detidos ou conhecidos pelas pessoas, grupos e unidades formais internas e pelas comunidades do ambiente externo, acionistas ou mandatários, clientes, parceiros e sociedade de uma forma geral.

O modelo proposto por Nonaka e Takeuchi (1997) ilustra o processo de inovação baseado em uma dinâmica centrada em três posturas fundamentais: na interação entre o conhecimento tácito e o conhecimento explícito, na inovação contínua e no olhar para fora e para o futuro, prevendo mudanças no mercado, na tecnologia, na concorrência ou no produto ou serviço ofertado.

Práticas de gestão do conhecimento aplicadas ao processo de inovação

Tendo como referência os processos de gestão do conhecimento apresentados, especialmente no plano das dimensões epistemológica e ontológica, o passo seguinte nas estratégias de gestão do conhecimento consiste na implementação de um conjunto de práticas voltadas a tornar a espiral do conhecimento um fato concreto e efetivo para o processo de gestão e de inovação.

Práticas no contexto objeto dessas considerações podem, então, de acordo com Batista et al. (2005:8), ser assim definidas: "modalidade de gestão organizacional voltada para produção, retenção, disseminação, compartilhamento e aplicação do conhecimento dentro das organizações, bem como na relação destas com o mundo exterior".

Ainda com base nos mesmos autores, consideram-se práticas de gestão do conhecimento as atividades que reúnem as seguintes características:

- são executadas regularmente, tendo como finalidade a boa gestão da organização;
- são baseadas em padrões de trabalho e voltadas para a produção, retenção, disseminação, compartilhamento ou aplicação do conhecimento dentro das organizações e na relação destas com o mundo exterior.

Tendo como referência o modelo da espiral do conhecimento de Nonaka e Takeuchi (1997) precedentemente comentado neste capítulo, e ainda considerando as práticas de gestão do conhecimento como tipificadas por Batista et al. (2005) e Batista (2012) e outras publicações referentes ao tema, apresenta-se a seguir uma tipologia das práticas de gestão do conhecimento organizacional mais citadas na literatura e adotadas em programas de gestão do conhecimento e em processos de inovação relacionados, tendo como base adicional a experiência dos autores deste livro em projetos aplicados de gestão do conhecimento e de inovação.

Tais práticas estão categorizadas em função de sua aderência a uma das quatro vertentes da espiral do conhecimento organizacional: socialização, externalização, combinação e internalização, conforme proposto por Nonaka e Takeuchi (1997).

Práticas voltadas para a socialização

A socialização é o "processo de compartilhamento de experiências e, a partir daí, da criação do conhecimento tácito, como modelos mentais ou habilidades técnicas compartilhadas" (Nonaka e Takeuchi, 1997:69).

Entre as práticas voltadas para a socialização, salientamos as seguintes:

1) *Benchmarking* interno e externo: contempla a busca sistemática das melhores referências para comparação de processos, produtos e serviços da organização, dentro ou fora do seu setor de atuação.
2) *Brainstorming*: sessão sistemática de grupo criativo em que as barreiras ao pensamento crítico são removidas para estimular a produção de novas ideias. Trata-se de uma dinâmica de

grupo usada por diversas empresas para resolver problemas específicos ou para desenvolver novas ideias e projetos.

3) Comunidades de prática ou comunidades de conhecimento: grupos informais e interdisciplinares de pessoas unidas em torno de um interesse comum. São comunidades auto-organizadas, geralmente utilizando uma ou mais pessoas como "gestores" do ambiente.
4) Fóruns (presenciais e virtuais) e listas de discussão: espaços para discutir, homogeneizar e compartilhar informações, ideias e experiências que contribuirão para o desenvolvimento de competências e para o aperfeiçoamento de processos e atividades da organização.
5) Narrativas (*storytelling*): técnicas utilizadas para apresentação de resultados da interpretação de dados sobre um determinado contexto ou perspectiva do negócio, exposição de situações ou, ainda, interpretação de mudanças culturais. São relatos retrospectivos de pessoal envolvido nos eventos ocorridos.
6) Redes de inovação aberta: uso intencional dos fluxos internos e externos de conhecimento para acelerar a inovação. A inovação aberta é uma prática que assume que as empresas podem e devem usar ideias externas assim como ideias internas, bem como caminhos internos e externos para alcançar o mercado e para desenvolver seus produtos e tecnologias.

Práticas voltadas para a externalização

A externalização é o "processo de articulação do conhecimento tácito em conceitos explícitos" (Nonaka e Takeuchi, 1997:71). Entre as práticas voltadas para a externalização, salientamos as seguintes:

1) Ambientes virtuais de aprendizagem (AVA): sistemas computacionais destinados ao suporte de atividades mediadas pelas tecnologias da informação e comunicação. Os AVAs podem ser empregados como suportes para sistemas de educação a distância, bem como servir de apoio às atividades presenciais de sala de aula e/ou de diferentes ambientes por meio da internet ou intranet.
2) Banco de competências individuais: esse tipo de iniciativa, também conhecido como banco de talentos ou páginas amarelas, é bastante disseminado em diversos tipos de organizações. Trata-se de um repositório de informações sobre a capacidade técnica, científica, artística e cultural das pessoas. É uma prática que auxilia tanto o processo seletivo externo como a busca de "*expertises*" existentes dentro da organização.
3) Banco de competências organizacionais: trata-se de um repositório de informações sobre a localização de conhecimentos na organização, incluindo fontes de consulta e também as pessoas ou as equipes detentoras de determinado conhecimento. É um instrumento relevante para o planejamento do desenvolvimento das competências das equipes de trabalho.
4) Gerenciamento eletrônico de documentos (GED): procedimentos para o tratamento e gerenciamento de documentos, para monitoramento proativo de processos de trabalho (*workflow*) e para a operacionalização de processos e procedimentos em ambiente virtual. Trata-se de prática de gestão que implica a adoção de aplicativos informatizados de controle de emissão, edição, acompanhamento da tramitação, distribuição, arquivamento e descarte de documentos.
5) Lições aprendidas: grupo de práticas que indica o registro do conhecimento organizacional sobre processos, produtos, serviços e relacionamento com os clientes. As lições aprendidas são relatos de experiências em que se registra o

que aconteceu, o que se esperava que acontecesse, a análise das causas das diferenças e o que foi aprendido durante o processo.

6) Melhores práticas: identificação e difusão de melhores práticas, que podem ser definidas como um procedimento validado para a realização de uma tarefa ou solução de um problema. São documentadas por meio de bancos de dados, manuais ou diretrizes.

Práticas voltadas para a combinação

A combinação é o "processo de sistematização de conceitos em um sistema de conhecimento, envolvendo a combinação de um conjunto de diferentes conhecimentos explícitos" (Nonaka e Takeuchi, 1997:75).

1) Busca (tecnologias de pesquisa e recuperação): possibilita gerenciar a vasta riqueza de informações disponíveis na empresa e na *web*, sendo a resposta da tecnologia para "encontrar uma agulha em um palheiro".
2) Gestão de conteúdo: ambiente corporativo *on-line*, disponibilizando para os funcionários acesso personalizado a todos os recursos de conhecimento e ferramentas colaborativas por meio de intranets e portais corporativos.
3) Mineração de dados *(data mining)*: prática voltada a "extrair ou minerar conhecimento de grandes quantidades de dados" (Han e Kamber, 2001:5), envolvendo a exploração de grandes quantidades de dados estruturados à procura de padrões consistentes, como regras de associação ou sequências temporais, para detectar relacionamentos sistemáticos entre variáveis e descobrir conhecimentos relevantes para apoio à gestão.

4) Mineração de textos (*text mining*): "processo intensivo de conhecimento no qual um usuário interage com uma coleção de documentos usando um conjunto de ferramentas de análise, buscando extrair informações úteis de fontes de dados por meio da identificação e exploração de padrões interessantes" (Feldman e Sanger, 2007:1). Essa prática trata da extração de informação de dados não estruturados ou semiestruturados, classificação automática de documentos por semelhança e extração de conhecimento relevante de uma grande base de textos, a partir de recursos de semântica e processamento de linguagem natural.
5) Sistemas de inteligência organizacional: também conhecidos como sistemas de inteligência empresarial ou inteligência competitiva, são voltados para a transformação de dados em inteligência, com o objetivo de apoiar a tomada de decisão. Visam extrair inteligência de informações (por meio de captura) e da conversão das informações em diversos formatos, bem como extrair conhecimento a partir da informação. O conhecimento obtido de fontes internas ou externas, formais ou informais é explicitado, documentado e armazenado para facilitar o acesso a ele.

Práticas voltadas para a internalização

A internalização é o "processo de incorporação do conhecimento explícito no conhecimento tácito" (Nonaka e Takeuchi, 1997:77).

1) *Coaching*: orientação e apoio de um especialista a indivíduos ou grupos, sem envolvimento direto na execução das atividades. O *coaching* tem o mesmo propósito da monitoria (*mentoring*), mas o *coach* não participa da execução, fazendo

parte de processo planejado de orientação, apoio, diálogo e acompanhamento, alinhado às diretrizes estratégicas do negócio.

2) Monitoria (*mentoring*): modalidade de gestão de desempenho na qual um especialista (mentor) modela as competências de um indivíduo ou grupo, observa e analisa o desempenho e retroalimenta a execução das atividades do indivíduo ou grupo.
3) Trilhas de aprendizagem: conjunto integrado de ações de desenvolvimento das pessoas, no contexto de um programa de gestão de competências como conhecimentos, habilidades e atitudes requeridas para o desempenho das diferentes funções dentro da organização. Também conhecidas como "trilhas técnicas de desenvolvimento técnico-operacional" (Rodriguez y Rodriguez, 2010:205).
4) Jogos de empresas: métodos e tecnologias empregados na área educacional, com o objetivo de facilitar a reprodução de ambientes e comportamentos em condições semelhantes às encontradas na prática professional.

Neste capítulo foram apresentados os conceitos básicos a respeito da gestão do conhecimento e abordados os processos e práticas que embasam sua implementação nas organizações.

Nessa linha, apresentamos as dimensões epistemológica e ontológica do conhecimento organizacional, uma visão da interação do conhecimento tácito e explícito, complementada pela abordagem sobre as três fontes principais de formação do conhecimento organizacional: informação, intelecto e interação de pessoas e grupos.

Ainda, foram abordadas categorias de práticas citadas na literatura e adotadas em programas de gestão do conhecimento associadas à inovação.

O capítulo que se segue – "Estratégias e práticas da gestão da inovação" – desenvolve considerações complementares sobre as estratégias adotadas para apoiar o processo de inovação e sua consecução no ambiente das organizações, estabelecendo vínculos com os temas tratados nos capítulos precedentes.

5 Estratégias e práticas de gestão da inovação

O processo de inovação organizacional geralmente envolve mudanças significativas na maneira como a empresa está organizada e operacionaliza suas atividades, em boa parte dos casos direcionada à implementação de estruturas organizacionais e processos de negócio com alto grau de automatização e de virtualização.

Nesse sentido, a inovação nos modelos de gestão concretiza-se por meio da utilização de estruturas de *big data* e de métodos de *analytics*, como vimos ao discorrer sobre as tecnologias da informação como um dos componentes dos ativos intangíveis.

Este capítulo apresenta as estratégias adotadas para apoiar o processo de inovação e sua consecução no ambiente das organizações, complementadas com uma discussão sobre princípios e práticas de inovação.

Estratégias de inovação

As inovações abrangem várias dimensões e áreas de um negócio, podendo envolver atores internos ou externos à empresa. Assim, é um processo sistêmico, abrangendo várias áreas em um negócio e o contexto externo, podendo contemplar tanto os quadros internos da organização como clientes, fornecedores, parceiros e, até mesmo, concorrentes.

Dessa forma, há diversas frentes a serem trabalhadas de forma integrada para sua viabilização: alinhamento dos esforços de inovação com os objetivos estratégicos do negócio, alocação e capacitação das pessoas para projetos específicos, estabelecimento de vínculos estratégicos com parceiros externos, mobilização, aplicação e gestão de recursos financeiros e promoção de um ambiente propício à inovação, entre outros aspectos.

Nesse contexto, serão descritas algumas dessas dimensões: inovação aberta *versus* fechada, inovação incremental *versus* disruptiva *versus* radical e estratégia do oceano azul.

Inovação fechada *versus* inovação aberta

A inovação pode ser um processo fechado ou aberto. Segundo Engeroff e Balestrin (2008:13), "na abordagem fechada de inovação as empresas aderiam à seguinte filosofia: sucesso em inovação requer controle.

Em outras palavras, empresas deveriam gerar suas próprias ideias, desenvolvê-las, produzi-las, lançá-las no mercado e distribuí-las.

Essa é a lógica do modelo de pesquisa e desenvolvimento tratado sob a denominação de inovação fechada, no qual a inovação é gerada prioritariamente por esforços internos, sem um auxílio significativo de agentes externos. Calcada na convicção de que as soluções podem emergir de seus talentos internos, é uma opção que se faz dentro de limites claramente definidos, em que *know-how*, tecnologias, processos e propriedade intelectual permanecem sob o controle da organização.

Nem todo conhecimento necessário para inovar, porém, encontra-se dentro dos limites das fronteiras organizacionais; daí a tendência de muitas empresas pela opção da inovação aberta, partindo da premissa de que o conhecimento-base para inovar pode fluir também de fora para dentro dos limites da organização.

As estratégias quanto à inovação aberta começam a ser discutidas a partir de Chesborough:

> As empresas estão cada vez mais repensando as maneiras fundamentais pelas quais geram ideias e as colocam no mercado – aproveitando as ideias externas e, ao mesmo tempo, alavancando sua área de pesquisa e desenvolvimento (P&D) interna, fora de sua operação atual [Chesborough, 2003a:1].

Desde então, o tema da inovação aberta começa a ser sistematicamente tratado tanto na literatura acadêmica como em projetos aplicados. Como ressaltado por Chesborough, Vanhaverbek e West (2017:1), "muitas empresas de consultoria atualmente dispõem de uma área de práticas de inovação aberta em seus portfólios de serviços.

Ainda segundo os mesmos autores:

> A inovação aberta é um processo de inovação distribuída, com base nos fluxos intencionais de conhecimento gerenciados por toda a fronteira organizacional, utilizando mecanismos pecuniários e não pecuniários alinhados com o modelo de negócios da organização [Chesborough, Vanhaverbek e West, 2017:42].

Trata-se, portanto, de uma estratégia que incorpora agentes externos no redesenho de processos e produtos com o objetivo de fomentar a inovação. Nesse sentido, as apostas são feitas em aproximações não só com os clientes, mas também com fornecedores e até concorrentes, muitas vezes para criar processos que são compartilhados por um grupo de empresas.

Cabe ainda salientar que os processos de inovação aberta muitas vezes incorporam parcerias com *startups*, "um grupo de pessoas à procura de um modelo de negócios repetível e escalável, trabalhando em condições de extrema incerteza" (Sebrae, 2020).

Nessa linha, constitui exemplo ilustrativo a iniciativa "*mining hub*" desenvolvida pela Vale S.A., que, segundo a empresa, foi o primeiro *hub* de inovação do setor de mineração do mundo:

> Reunimos 27 mineradoras que apresentaram desafios comuns do setor. Com isso, mapeamos mais de 502 startups que se inscreveram para solucionar esses problemas, fortalecemos as chamadas *mining-techs* e já alcançamos R$ 10 milhões investidos neste ecossistema. Duas das *startups* investidas, a LLK e Laminatus, já estão escalando suas soluções para o mercado como um todo [Anprotec, 2020].

Tanto a inovação fechada como a aberta podem ser implementadas por meio de três focos distintos: de forma incremental, disruptiva ou radical, conforme descrito a seguir.

Inovação incremental *versus* inovação disruptiva *versus* inovação radical

Na primeira forma – *inovação incremental* – a estratégia volta-se para ações contínuas ao longo do tempo, refletidas em pequenas melhorias em produtos ou em serviços, representando avanços nos benefícios percebidos pelo consumidor, mas que não modificam de maneira expressiva a forma como o produto ou serviço é consumido, não gerando, assim, impacto do tipo novo modelo de negócio no mercado.

Exemplos de inovações incrementais podem ser observadas com facilidade em nosso cotidiano, como incrementos nas funcionalidades do Windows, nos serviços gratuitos de *web mail* criados pela Google – o Gmail – ou em produtos como refrigerantes, com a incorporação de novos sabores, entre outros.

As inovações incrementais, de uma forma geral, constituem a maior parte das estratégias de inovação: são mais baratas, envolvem menos riscos, são menos complexas e se concretizam mais rapidamente.

A *inovação disruptiva* representa uma mudança drástica na maneira como o produto ou serviço é ofertado ou consumido, trazendo ao segmento de mercado um novo paradigma que modifica o modelo de negócios vigente.

O conceito, cunhado por Christensen (2012), refere-se a um processo em que uma tecnologia, produto ou serviço é transformado ou substituído por uma solução inovadora superior.

Para os clientes, isso significa dotá-los de maior acessibilidade, simplicidade ou conveniência. Por outro lado, ao contrário do que se poderia pensar, ela necessariamente não cria produtos ou serviços mais caros; ao invés, cria soluções mais baratas e atende a um público que as empresas tradicionais haviam deixado de fora.

Um exemplo clássico de inovação disruptiva é o Spotify, um serviço de *streaming* lançado em 2008 que veio preencher um espaço de atendimento ao consumidor antes ocupado de forma limitada pelos CDs, dispositivos caros e trazendo apenas algumas músicas, enquanto a demanda das pessoas por música era muito grande.

A empresa encontrou um meio de atender a essa demanda reprimida oferecendo um serviço apoiado em um modelo de SaaS – *software as a service* –, em que o consumidor paga pelo uso da plataforma e não pela música em si, trazendo uma solução melhor, mais acessível e com mais conteúdo e comodidade para os usuários.

A *inovação radical* está relacionada com a ruptura dos paradigmas tradicionais de um mercado específico: olha para o impacto de longo prazo e pode envolver o deslocamento de produtos atuais, a alteração do relacionamento entre clientes e fornecedores e a criação de categorias completamente novas de produtos.

Muitas vezes confunde-se a inovação radical com a inovação disruptiva. No contexto dos negócios, entretanto, pode-se dizer que inovação radical é a transformação profunda e completa de um produto ou serviço, um movimento que acontece de uma forma drástica, criando novas relações no mercado entre ofertantes e consumidores. Isto é, a inovação radical se concentra no desenvolvimento de produtos e serviços de alto impacto, geralmente algo que nunca foi feito pela empresa ou por suas concorrentes. Dessa forma, passa-se a explorar um novo mercado no futuro, um segmento completamente diferente da situação presente.

Como saber, no entanto, se uma inovação é de fato radical? Segundo Dahlin e Behrens,

> uma invenção radical de sucesso tem três características: a solução precisa ser nova, devendo se diferenciar de outras já encontradas no mercado, deve ser singular, e deve ser adotada como um produto ou serviço que, de fato, soluciona um problema e influencia o mercado [Dahlin e Behrens, 2005:1].

O maior exemplo de inovação radical, extensamente comentado na literatura, é o da Amazon: mais do que um novo capítulo na história da venda de livros, ela foi responsável por estabelecer padrões de mercado para toda a *web*.

A história da Amazon é emblemática quando se pensa em inovação radical. Segundo a *Época Negócios* (2019), "após abrir o capital em 1997, a hoje gigante do *e-commerce* levou vinte e quatro trimestres – seis anos – para registrar o primeiro dia de lucro".

Outras empresas consideradas exemplos de inovação radical também são citadas na mesma matéria, ilustrando situações em que períodos longos de prejuízo precederam a chegada dos primeiros lucros, como Uber, Tesla, Twitter e, no Brasil, o Nubank.

Então, embora a inovação radical possa ser considerada mais atraente e sedutora que as demais, especialmente quando ainda consiste em *startups*, faz-se necessário avaliar os riscos de adoção dessa alternativa de inovação.

O problema central é a alta incerteza que ela carrega: qual tecnologia de apoio será usada, quanto custará em investimentos e custos de operação, que clientes comprarão o produto ou serviço que será ofertado, quanto se poderá cobrar e auferir como receita, tempo de maturação, concretização e consolidação da ideia, entre outros aspectos.

A estratégia do oceano azul

A estratégia do oceano azul apresenta uma discussão profunda sobre o desenvolvimento de inovação de valor a partir de uma análise estratégica do mercado. Trata-se de uma abordagem original e prática, de grande aceitação e adoção no ambiente empresarial, cabendo então uma digressão especial a esse respeito.

Proposta por Kim e Mauborgne (2019), a metáfora do oceano azul refere-se a explorar o ainda desconhecido e aproveitar mercados e oportunidades que ainda não foram desenvolvidos, com potencial de rentabilidade e de crescimento.

Nesse sentido, sua lógica estratégica de inovação de valor propõe "uma nova maneira de raciocinar sobre a execução da estratégia, que resulta na criação de um novo espaço de mercado e no rompimento com a concorrência" (Kim e Mauborgne, 2019:37).

Então, a pedra angular da inovação de valor consiste em redefinir o problema em que se concentra o setor no qual a empresa atua, em vez de descobrir soluções para os problemas existentes.

Trata-se, assim, de ir além da demanda existente, direcionando o foco para os não clientes. Segundo os autores, "essa abordagem permite que as empresas ultrapassem os limites da demanda existente para criar um novo grupo de clientes até então não existentes" (Kim e Mauborgne, 2019:125).

Eles propõem, ainda, a busca de não clientes em três níveis, "que diferem entre si pela distância relativa que os separa do mercado em que a empresa atua (Kim e Mauborgne, 2019:126):

- o primeiro nível de não clientes são os compradores que já compram o mínimo de ofertas do setor apenas por necessidade, embora sua mentalidade seja de não clientes;
- o segundo nível de não clientes é o das pessoas que se recusam a usar as ofertas do setor, que as veem como opção para atender às suas necessidades, mas as rejeitam como alternativas;
- o terceiro nível de não clientes é o mais afastado do mercado em que a empresa atua: são os não clientes que nunca pensaram nas ofertas em questão como hipótese de escolha [Kim e Mauborgne, 2019: 126].

No livro *A estratégia do oceano azul*, Kim e Mauborgne (2019) exploram intensamente o conceito de não clientes, ilustrando-o com exemplos como a Pret a Manger (primeiro nível), a JCDecaux (segundo nível) e a indústria aeroespacial e de defesa dos Estados Unidos (terceiro nível).

Concluindo, a estratégia do oceano azul é uma proposta bastante interessante e aplicável de forma concreta. Entretanto, por ser uma nova maneira de raciocinar sobre a execução da estratégia do negócio, seu uso efetivo depende de forte adesão do nível de administração superior e do compromisso dos acionistas da instituição envolvida.

A seguir, são desenvolvidas considerações a respeito de princípios e práticas de inovação que se aplicam ao uso em qualquer das estratégias abordadas: fechada *versus* aberta, incremental *versus* disruptiva *versus* radical, ou do oceano azul.

Princípios e práticas de inovação

Em todas as opções de estratégias de inovação, abordadas na seção anterior, existem princípios e práticas que contribuem de forma significativa para o sucesso do processo de inovação.

Antes de tudo, o caminho do sucesso passa pela atenção a alguns princípios fundamentais, entre os quais destacam-se o foco no cliente e o envolvimento das pessoas nas práticas inovadoras por meio do *design thinking*.

Quanto ao primeiro princípio, ter foco no cliente, significa identificar quais produtos ou serviços atenderão às necessidades e desejos dos atuais ou potenciais clientes, por meio da proposição de valor associada a eles.

O conceito já foi apresentado anteriormente, no primeiro capítulo, ao abordarmos a inovação como um recurso estratégico vinculado ao entendimento do modelo de negócio da empresa, enfatizando o "compartilhamento de ideias entre os componentes de uma organização, voltado a responder a algumas questões estratégicas relacionadas aos clientes" (Osterwalder e Pigneur, 2011:15):

- Quais são os diferentes grupos de pessoas ou organizações que a empresa busca alcançar e atender como segmentos de clientes?
- Qual é o pacote de produtos e serviços que criam valor para um segmento de clientes específico, isto é, quais são os motivos pelos quais os clientes vão escolher nossa empresa em detrimento de outras, que concorrem conosco de forma direta ou com propostas de valor alternativas?

- Como a empresa se comunica (ou deveria se comunicar) e alcança seus segmentos de clientes para entregar uma proposta de valor, por meio de canais de comunicação, distribuição e venda?
- Como a empresa se relaciona com seus segmentos de clientes, tais como assistência pessoal, serviços automatizados, comunidades e cocriação, por meio de modalidades de relacionamento?

O segundo princípio, quanto à definição e implementação das estratégias e processos, tem como base relevante as práticas de *design thinking*, que, como visto no capítulo 2, incorporam uma nova maneira de pensar soluções no contexto dos modelos de negócios inovadores, por meio das quais os gestores envolvidos com a estratégia desafiam as regras empresariais existentes.

A título de conclusão desta seção sobre princípios e práticas, serão apresentadas agora três práticas para suporte ao processo de inovação: inovar a partir das percepções dos clientes e mercados, descobrir negócios usando o produto ou serviço que está sendo desenvolvido e viabilizar as inovações a partir de organizações ambidestras.

Inovar a partir das percepções dos clientes e mercados

A percepção e a sensação dos clientes constituem um dos principais componentes do sucesso de um produto ou serviço, talvez mais importantes que a solução em si.

Nessa linha, o *design* centrado no usuário é o principal caminho para o encontro de soluções focadas na satisfação de suas reais necessidades, com apoio de métodos e ferramentas conhecidos pelo acrônimo UX, que significa *user experience* ou experiência do usuário.

A origem do conceito de UX está em Donald Norman (2006), que analisou a questão da usabilidade em produtos e serviços, cuja aplicação deve contemplar as necessidades e habilidades de todas as pessoas envolvidas em um determinado processo ou sistema.

No livro *O design do dia a dia* (Norman:2006), ele focou alguns princípios que devem nortear a aplicação do conceito de usabilidade:

- entender a raiz do problema objeto de estudo e buscar uma solução efetiva;
- ter foco nas características e necessidades das pessoas envolvidas com o produto, serviço ou processo objeto de análise e solução;
- dar visibilidade efetiva às funcionalidades da solução desenvolvida;
- testar e refinar, de forma contínua, as propostas que atendam às necessidades dos envolvidos, com apoio de protótipos e soluções evolutivas.

A diferenciação do produto está, então, intrinsecamente ligada à capacidade do *designer* em entender o que leva um cliente a perceber valor no produto para satisfazer suas necessidades ou expectativas. Isto é, ao lançar um novo produto ou serviço, o essencial nem sempre estará em suas funcionalidades ou em sua aparência, mas sim na mudança na forma de percepção do que se está vendo.

No entanto, para ter efetividade, o conceito do UX deve ser visto de maneira ampla, não se restringindo à experiência que o usuário vai ter com o produto final. Ou seja, não adianta somente oferecer um produto ou serviço totalmente diferenciado, há que saber divulgá-lo corretamente e saber – e passar a ideia para o cliente – como será consumido.

Vamos, em seguida, comentar dois exemplos clássicos e bem-sucedidos de aplicação do conceito de UX: os relógios da marca Swatch, nos anos 1980, e o Google, a partir do final dos anos 1990.

O caso dos relógios Swatch, nos anos 1980, é um exemplo clássico de sucesso do *design* orientado para uma nova forma de olhar um produto clássico.

Por que o *design* deu certo? Porque os relógios foram introduzidos tendo como base um novo conceito de produto: casual, divertido e com acessórios não reutilizáveis. Lançando mão do apelo estético como maior destaque, a empresa buscou uma nova percepção dos clientes sobre os relógios: em vez de serem instrumentos para marcação das horas e de controle do tempo, eles se tornaram objetos de moda e de desejo.

O Google é o caso mais emblemático de inovação e de sucesso na linha da percepção dos clientes e do mercado, quando comparado a outros *sites* de busca.

Fundado em 1998, tendo como propósito original disponibilizar um buscador de conteúdo, o Google diferenciou-se não só pelo seu algoritmo de pesquisa em relação aos motores de busca convencionais da época, mas também pela sua oportuna entrada no mercado antes que os outros o fizessem.

Por que ele passou a ser percebido como superior ao Bing, motor de buscas da Microsoft apresentado em 2009 ou ao Yahoo, criado em 1994? Tecnicamente falando, podemos encontrar algo aqui ou ali, mas no final vamos perceber que eles não são piores do que o Google, podendo até, em certas situações, ser comparativamente melhores. Mas, de alguma forma, continuamos usando o Google e dizendo que ele é melhor e mais rápido.

Por que isso acontece? Aparentemente o sucesso do Google não está essencialmente no seu código, nos resultados obtidos com as buscas ou na “interface limpa de usuário”, mas sim na percepção que os usuários têm da agregação de valor para quem pesquisa por meio de um mecanismo de busca simples e de fácil entendimento.

Outro aspecto importante no Google é despertar no usuário a percepção de que o produto tem foco e objetividade: as pessoas tendem a acreditar que algo é melhor se oferece apenas poucas coisas, mas bem-feitas, do que algo que faz uma série de coisas diferentes ao mesmo tempo, de forma dispersa e ineficaz.

Então, se a empresa cria algo sem uma percepção do usuário quanto a como a inovação criou valor para ele, provavelmente falhará. Talvez o segmento de mercado que esteja sendo focalizado não precise de novos produtos ou serviços, mas sim de uma mudança na perspectiva e na percepção de novas formas de utilizar o que já existe de maneira mais simples, objetiva ou alternativa.

Descobrir negócios e clientes a partir do produto ou serviço que está sendo desenvolvido

Em muitas situações, os empreendedores dominam uma tecnologia, mas não têm a percepção exata de como ela pode atender a necessidades de um mercado ou cliente, que muitas vezes ainda não se conhece de forma mais profunda.

O mercado a ser explorado pode estar relacionado a nichos representados por segmentos especializados ainda não explorados, ou à utilização em processos de negócio que já existem.

Qual é o problema a ser solucionado com o produto ou serviço que está sendo criado?

Muitas inovações não dão certo não porque tenham falhado na geração de um produto ou serviço, mas sim porque tempo, dinheiro e esforços foram desperdiçados na construção do produto errado.

De modo geral, o insucesso pode ser atribuído à falta de um adequado entendimento do real problema do mercado e do segmento de clientes que se pretende alcançar.

Nessa linha, um problema bem equacionado é um problema parcialmente solucionado. Embora tal afirmação pareça óbvia, quando se trata de empreendimentos centrados em tecnologia existe o risco de nos apaixonarmos por uma solução tecnológica que satisfaz o nosso ego, mas que não encontra eco naquilo de que os atuais ou potenciais clientes necessitam.

A prática que estamos abordando tem origem na estratégia de pivotagem, inicialmente proposta por Steve Blank (2012), precursor do termo *lean startup* (*startup* enxuta), norteada pela concepção de hipóteses e validação de soluções a partir do contato direto com os clientes/consumidores, possibilitando que a inovação tenha mais chance de prosperar no mercado.

O termo *pivot* vem da metodologia *lean startup*, por meio do qual as equipes envolvidas com a inovação desenvolvem propostas de soluções para determinados problemas identificados. O método de análise por meio de *pivots* compreende um ciclo contínuo com duas partes principais: desenvolvimento de clientes (busca) e crescimento e escala do negócio (execução), a partir de um produto mínimo viável (MVP).

Essa abordagem é especialmente adequada para empreendimentos novos a partir de protótipos para validação, que podem ser pivotados sem grandes custos, trazendo elementos para uma decisão mais segura e realista quanto à concretização do modelo de negócios.

O conceito de *lean startup* foi assumido e difundido por autores como Eric Ries (2019), em seu livro *A* startup *enxuta: como usar a inovação contínua para criar negócios radicalmente bem-sucedidos*, e Ash Maurya (2018) em *Comece sua startup enxuta: aprenda a aplicar a metodologia* lean *em seu (novo) negócio*.

A ferramenta *lean canvas*, criada por Maurya (2018), tem seus princípios descritos em sua obra e é especialmente aplicada para o desenvolvimento de empreendimentos que busquem evitar desperdício de tempo e de custos por meio de ciclos de aprendizado rápidos.

De acordo com Lacerda (2014), tendo como referência o *business model generation*, metodologia de inovação de negócios com a qual mantém um alinhamento conceitual, o *lean canvas* substitui quatro dos seus nove blocos originais, de forma a trabalhar aspectos de maior risco envolvidos na criação de *startups*. São eles:

- problemas no lugar de parcerias principais: uma descrição breve sobre os três principais problemas que a *startup* quer ajudar a resolver;
- solução no lugar de atividades-chave: qual é o menor conjunto de funcionalidades – produto mínimo viável (MVP) que entrega a proposta de valor única descrita precedentemente;
- métricas-chave no lugar de recursos principais: principais ações e métricas que suportam a geração de receitas ou a retenção de clientes;
- vantagem injusta no lugar de relacionamento com clientes: algo que não pode ser facilmente copiado ou comprado por potenciais concorrentes.

Esse último item, a vantagem injusta, talvez não possa ser preenchido na primeira versão do *lean canvas*. Entretanto, é um ponto importante a ser alcançado pelo projeto: ter algo realmente diferente do que existe no mercado, de forma a criar barreiras efetivas à entrada da concorrência.

A primeira questão a ser respondida na aplicação do *lean canvas* é qual o problema que se pretende resolver com o produto ou serviço que será lançado: antes de começar a fazer qualquer coisa, um empreendedor deve saber qual problema será resolvido pelo seu negócio.

É por essa razão que o *lean canvas* inclui em primeiro lugar explicitamente o bloco "problema", e não como parte de algum outro bloco. Esse é o primeiro passo para evitar criar o produto errado, que não resolve o problema de ninguém.

A seguir vem o bloco "solução", pois Maurya (2018) acredita que assim que se entende o problema, fica-se na melhor posição para definir uma possível solução.

Ainda em alinhamento com os blocos precedentes, o aprendizado durante o processo de validação de hipóteses deve basear-se na análise de "métricas", que são indicadores para entender se o empreendimento está indo na direção correta.

Esse procedimento é extremamente delicado: apurar métricas erradas (ou simplesmente não mensurar nada) representa um dos maiores riscos para as empresas que estão nascendo, pois pode levar à priorização de atividades erradas e à busca de primeiros clientes de forma equivocada, levando à indisponibilidade de recursos antes do alcance dos objetivos corretos.

Finalmente, o quarto bloco é o da "vantagem competitiva", que reúne os aspectos que representam vantagens competitivas ou barreiras de entrada do negócio, incluído no *lean canvas* para aumentar a chance de se pensar, desde cedo, no que o negócio se diferencia como uma solução para os clientes prospectivos.

Isso porque há que se considerar que o empreendimento não está sozinho no mercado, e quanto maior o sucesso, mais competidores provavelmente surgirão.

Essas são as quatro questões-chave associadas diretamente à abordagem do *lean canvas*. A exclusão do relacionamento com clientes, aspecto muito relevante nas abordagens tradicionais como o próprio *business model generation*, é uma questão polêmica.

No entanto Maurya (2018) defende que o melhor caminho para encontrar e ativar clientes, o *path to customers* (caminho para os clientes) deve ocorrer ao longo do processo de validação, de acordo com quem são os clientes e com a solução implementada. Esta é a essência do *lean canvas*: descobrir negócios e clientes a partir do produto ou serviço que está sendo desenvolvido.

Nesse sentido, um fator crítico de sucesso para o empreendimento pode residir no estabelecimento de uma "aliança estratégica" com um usuário potencial detectado, seja associando-se a ele no desenvolvimento do produto ou formando com ele uma parceria para validar, testar e adaptar as primeiras versões do produto.

Assim, há que se pensar na solução por meio de uma postura empática: colocando-se no lugar do usuário antevisto, perguntando-se se ele tem realmente o problema que se pretende ajudar a solucionar e se ele estaria disposto a pagar por essa solução.

Outra postura fundamental no *lean canvas* é sua preocupação de minimizar o risco de insucesso recorrendo a uma orientação voltada para a construção rápida de um produto mínimo viável (MVP), que constitui a essência do modelo de negócio no qual se estão investindo esforços: produto em condições de iniciar rapidamente testes com clientes prospectivos sobre operacionalidade, solução de problemas reais e sensibilidade quanto a preços a serem cobrados pelos serviços.

Na descoberta dos clientes, busca-se uma proposição de valor que encontre um bom encaixe entre problema e solução, isto é, quais são os problemas mais críticos enfrentados pelos clientes e qual é a solução de menor custo que pode contribuir para resolvê-los. Esta parte se encerra com a conclusão de uma primeira versão do MVP.

A validação do MVP busca testá-lo junto a um grupo de clientes potenciais, seguida de ajustes no produto ou no mercado foco para, finalmente, chegar-se a um modelo comercial no qual se estabelece um *road map* de marketing e vendas.

Os empreendimentos implementados por meio de *startups* – em que os prazos e custos mínimos são elementos cruciais para reduzir os riscos do projeto e para se chegar a um produto que gere receitas rapidamente para sustentar o desenvolvimento futuro do modelo de negócios – são extremamente adequados à adoção das práticas aqui apresentadas.

Viabilizar as inovações a partir de organizações ambidestras

O conceito de organização ambidestra é relativamente recente: surgiu em meados de 2011 em artigo publicado por Tushman e O'Reily (2011).

Em linhas gerais, empresas ambidestras são aquelas que conseguem, simultaneamente, ser eficientes na exploração de seu modelo de negócio tradicional e dinâmicas e criativas na implementação de modelos novos, aproveitando as vantagens das tecnologias disruptivas presentes no ambiente digital.

A discussão em torno desse tema é extremamente oportuna: no momento em que o uso de *big data* e a adoção da inteligência artificial, *blockchain* e outras tecnologias apresenta-se como um desafio para as organizações, como a questão deve ser enfrentada, especialmente nas empresas tradicionais e já estabelecidas no mercado?

O que isso significa efetivamente para os gestores e as empresas? Parece-nos um alerta que recomenda que se olhe para o cenário atual e o futuro: se as tecnologias disruptivas se fazem presentes no ecossistema do nosso modelo de negócios, a primeira questão a responder é saber como converter a ruptura em oportunidade:

> Para se ajustarem ao atual ambiente de negócios, elas têm de combinar esforços de *exploitation*, que diz respeito ao refinamento do

existente, ou seja, envolve controle, certeza, redução da variância e aumento da eficiência, com esforços de *exploration*, pertinente a novas oportunidades e que abrange experimentação, pesquisa e descoberta. O modelo de organizações ambidestras traz como desafio encontrar o equilíbrio entre *exploration* e *exploitation* [Amantea, 2018:44].

É o que já está acontecendo em inúmeras situações: se percebidas oportunidades ou ameaças de ruptura no modelo de negócios tradicional, quais são os principais desafios para se chegar à convivência entre o atual e o novo de forma harmônica e construtiva, tornando efetivo o modelo de organização ambidestra?

Segundo Tushman & O'Reily (2011), deve-se antes de tudo engajar a alta administração em torno da aspiração estratégica de um modelo de negócio futuro sustentado nas tecnologias disruptivas. Usualmente tal alternativa não oferece perspectivas competitivas de retorno do investimento no curto prazo se comparado com os resultados das unidades de negócio tradicionais.

Potencialmente, então, pode haver uma tendência a um conflito entre os gestores responsáveis pela condução das unidades tradicionais (que geram os lucros agora) e aqueles que irão cuidar dos negócios futuros, que no início podem constituir unidades de negócio deficitárias (ou pouco lucrativas).

Dessa forma, o balanceamento entre a gestão do *core business* tradicional e os esforços de inovação é uma questão central na estratégia das organizações ambidestras: definir uma identidade abrangente para o negócio, conciliando os objetivos dos modelos de negócio atual e futuro.

Essa tarefa de liderança é imperativamente responsabilidade da alta administração para contornar o risco de fracasso quase inevitável se delegada exclusivamente aos níveis executivos operacionais do modelo de negócios tradicional.

Concluindo, este capítulo apresentou estratégias e práticas adotadas para apoiar o processo de inovação e sua consecução no ambiente das organizações. Foram vistos os caminhos básicos para inovar no ambiente organizacional, por meio da inovação fechada ou aberta, de forma incremental, disruptiva ou radical, e abordou-se a adoção do *design thinking* para apoio à geração de ideias inovadoras de forma colaborativa.

Ainda, deu-se atenção destacada à estratégia do oceano azul, voltada para exploração do ainda desconhecido para aproveitar mercados e oportunidades ainda não desenvolvidos.

Finalmente foram abordadas as práticas essenciais associadas ao processo de inovação: inovar a partir das percepções dos clientes e mercados, descobrir negócios usando o produto ou serviço que está sendo desenvolvido e viabilizar as inovações a partir de organizações ambidestras.

O próximo capítulo vai tratar da viabilidade do processo de inovação a partir da compatibilidade de suas ações com o contexto da cultura organizacional existente.

6 Sistema de inovação e cultura organizacional

Os sistemas de inovação transcendem o redesenho de processos e produtos e o uso de novas tecnologias. Para incentivar a geração de novas ideias, é necessário criar um ambiente no qual as atividades a serem desenvolvidas estejam sintonizadas com as características culturais da empresa, de forma que as pessoas sejam encorajadas a assumir iniciativas e a conviver com os riscos inerentes ao processo de inovar.

Este capítulo trata das implicações da cultura organizacional nos processos de inovação nas empresas, do papel das lideranças inovadoras e dos fatores críticos de sucesso nos projetos de inovação.

O capital intelectual e a cultura organizacional como fundamentos da inovação

A inteligência empresarial constitui o fator-chave para o sucesso de empreendimentos na economia da informação e do conhecimento. Entretanto, para sua mutação de um mero conceito em um fato concreto nas organizações, faz-se necessário o desenvolvimento de uma infraestrutura que as transforme em "empresas voltadas para o conhecimento" (Stewart, 1998:17).

Tais empresas, também conhecidas como organizações aprendizes (Rodriguez y Rodriguez, 2002), constituem um modelo de gestão empresarial que privilegia o processo de aprendizado, envolvendo o esforço das empresas e das pessoas em dois sentidos complementares: capacitação e reciclagem das habilidades individuais de cada empregado e desenvolvimento do conhecimento coletivo.

Embora o aprendizado individual e coletivo sempre ocorra de alguma forma em qualquer empresa, o que diferencia as organizações orientadas para o aprendizado é o foco no processo de aquisição, disseminação e aplicação do conhecimento de maneira sistemática e em sintonia com os objetivos estratégicos do negócio.

Nessa linha, elas trazem o conceito do autoaprendizado, em que os empregados, organizados em equipes de trabalho, desenvolvem teorias e sua imediata aplicação com o uso dos mais diversos modos de aprendizado, como o treinamento durante o trabalho (*on the job*), além das demais formas de capacitação.

Segundo Rodriguez y Rodriguez (2002:135),

> uma outra característica da organização aprendiz é a de que o treinamento está diretamente ligado às necessidades apontadas pela estratégia e pelos desafios lançados à organização, considerando a liberdade de inovação e de criação por parte dos seus empregados.

Outro aspecto marcante dessas organizações é o deslocamento do centro de gravidade, na empresa, das ocupações especializadas e repetitivas para o trabalho intelectual, "que exige principalmente esforço cerebral, em oposição ao trabalho manual, corporal ou maquinal" (Drucker, 1997:148).

O trabalho intelectual constitui a característica essencial dessas empresas, com ênfase em um novo conjunto de profissionais – os trabalhadores do conhecimento (*knowledge workers*), que dependem estreitamente da informação e do conhecimento para o desempenho de suas tarefas e que são essenciais nos processos de inovação.

Dimensões do capital intelectual

Segundo Stewart (1998:xiii), o capital intelectual pode ser definido como "a soma do conhecimento de todos em uma empresa" ou, em outras palavras, aquilo que cada um dentro de uma companhia conhece e que lhe confere vantagem competitiva.

Nesse escopo, incluem-se todos os aspectos associados ao acervo intelectual da empresa, sejam suas marcas e patentes, informações relacionadas ao ambiente interno ou sobre mercados, fornecedores e clientes, processos de trabalho, métodos e técnicas formalmente agregadas e preservadas, o conhecimento e a experiência de cada um dos seus membros e as tecnologias associadas à exploração do negócio.

Stewart (1998) classifica o capital intelectual em três dimensões: capital humano, capital estrutural e capital de clientes.

O capital humano se constituiria a partir dos quadros pertencentes à organização e do acervo de conhecimento implícito associado a cada pessoa ou às equipes, como as habilidades individuais e coletivas e a capacidade para analisar, entender e interpretar informações e contextos, a experiência acumulada, percepções e sentimentos adquiridos no desempenho das tarefas do dia a dia e a habilidade para desenvolver relações internas, com os parceiros e com os clientes.

O capital estrutural compreenderia a tecnologia dos processos de produção inerentes ao negócio, a infraestrutura de tecnologia da informação, os produtos de *software*, os bancos de dados, as patentes, as marcas registradas e todo o resto da capacidade instrumental que suporta o desempenho da organização.

Finalmente, o capital de clientes se revestiria de duas formas principais:

- de um lado, seria o resultado do relacionamento pessoal desenvolvido entre os quadros organizacionais e os principais clientes e traduzido, na dimensão da empresa, em conhecimento implícito sobre as necessidades e comportamentos de compra do consumidor, e concretizado, na perspectiva do cliente, em lealdade à marca e fidelidade aos produtos e serviços da organização;
- de outro lado, seria o produto da sistematização do conhecimento adquirido a respeito dos clientes e do mercado por intermédio de relatórios de vendedores, bases de conhecimento e outros modos formais de registro e interpretação de informações.

Fitz-Enz (2001:22), por sua vez, classifica o capital intelectual em três categorias: "organizacional, relacional e humano", trazendo como novidade a ampliação da dimensão do capital de relacionamento, que envolveria o conhecimento e a habilidade da empresa no desenvolvimento das relações não somente com seus clientes, mas também com fornecedores, parceiros, concorrentes, entidades governamentais e comunidades com os quais ela opera.

Esse autor salienta as seguintes características do capital intelectual (Fitz-Enz, 2001):

- tem relevância e propósito para as pessoas que fazem parte da organização;
- pode ser transmitido e compartilhado com outras pessoas;
- é entendido por outras pessoas;
- tem utilidade para outras pessoas em relação aos seus objetivos de trabalho e crescimento pessoal;
- tem potencial de agregar valor para a empresa e para o negócio.

Além dos autores anteriormente citados, diversos outros abordaram o tema capital intelectual. A despeito das perspectivas peculiares de cada um, há um consenso em relação ao que ele representa: compõe um novo e cada vez mais importante ativo organizacional das empresas, e sua disponibilidade constitui o principal fator de valorização patrimonial das organizações.

Culturas organizacionais

A implementação de ambientes organizacionais inseridos no contexto da inovação depende da percepção da cultura organizacional da instituição, além das características e expectativas das comunidades que dela fazem parte.

O termo cultura organizacional tem várias interpretações, dependendo do enfoque de cada autor. Para efeito de nossa abordagem, vamos considerar a definição que se segue: "conjunto de expectativas de comportamento, usualmente regras não escritas, que existem para suportar um trabalho de grupo permanente de um conjunto de pessoas" (Silverzweig e Allen, 1976:33).

Na dimensão da cultura, um dos aspectos mais importantes a ser conhecido é sua ideologia organizacional, que geralmente está diretamente associada ao comportamento daqueles que detêm o poder e a autoridade, sejam estes formais ou não.

A ideologia organizacional constitui-se de um conjunto de regras de conduta, nem sempre formalizadas em manuais ou regulamentos, que especifica os objetivos e valores, prescreve a relação apropriada entre os empregados e a empresa, descreve que qualidades e características dos membros da organização devem ser valorizadas, estabelece normas de relacionamento entre as pessoas e, finalmente, fixa os métodos apropriados para lidar com o ambiente externo.

Ainda considerando a cultura organizacional, seguindo a mesma linha de pensamento, uma das principais causas de fracasso na implantação de mudanças nas empresas, incluindo-se nesse campo os processos de inovação, resulta do fato de que raramente existe uma preocupação com a implantação de procedimentos sintonizados com o estilo de atuação de seus quadros funcionais.

Isso também foi afirmado por Camman e Nadler (1976), que salientaram a existência, nas organizações, de um modo de atuação predominante entre gerentes e empregados que deveria orientar a condução dos processos de concepção e implementação de mudanças, especialmente quando relacionadas a sistemas de informação, a procedimentos de controle e aos processos de inovação.

Nesse sentido, os autores propuseram que o estilo de atuação dos quadros da organização poderia ser diagnosticado a partir da observação de dois elementos: de um lado o clima organizacional predominante; de outro, as atitudes e os procedimentos vigentes quanto a informação e controle, conforme sintetizado no quadro 8.

Quadro 8

Estilo de atuação dos quadros da organização

Elementos para diagnóstico	Estilo participativo	Estilo diretivo
Clima organizacional predominante	Estímulo à participação dos subordinados no processo decisório; comunicação intensa entre os níveis hierárquicos; incentivo à delegação de responsabilidade; alta aspiração dos empregados em participar do processo de mudança.	Processo decisório centralizado; pouca comunicação entre os níveis hierárquicos; pouco incentivo à troca de opiniões e à participação; baixa aspiração dos empregados em participar do processo de mudança.
Atitudes e procedimentos quanto a informação e controle	Padrões de medida de desempenho explicitamente definidos; processos de avaliação e controles formalizados e sistemáticos.	Padrões de medida de desempenho não definidos de forma explícita; processos de avaliação e controle pouco sistemáticos e não formalizados.

Fonte: Camman e Nadler (1976).

As características quanto à ideologia organizacional e relacionadas ao estilo de atuação dos quadros da organização constituem um dos principais elementos da cultura organizacional que influenciam a formulação bem-sucedida das estratégias relacionadas à inovação.

Comunidades

A abordagem sobre as comunidades e seu papel nos processos de inovação deve ser precedida de algumas considerações conceituais a respeito do termo.

Segundo Shore (1996:116):

> Um dos conceitos mais vagos e evasivos em ciência social, a ideia de comunidade continua a desafiar uma definição precisa. Parte do problema tem origem na diversidade de sentidos à palavra e às conotações emotivas que ela geralmente evoca. Tornou-se uma palavra *passe-partout*, usada para descrever unidades sociais que variam de aldeias, conjuntos habitacionais e vizinhanças locais, até grupos étnicos, nações e organizações internacionais.

No campo da antropologia, autores como Cohen (1985) e Shore (1996) tratam a comunidade como uma entidade simbólica, sem parâmetros fixos. Nessa linha de pensamento, o que configuraria uma comunidade seria "um sistema de valores e um código de moral que proporcionam a seus membros um senso de identidade" (Shore, 1996:116).

A perspectiva antropológica, conforme descrita, é a mais adequada a uma definição de comunidade quando relacionada a ambientes de informação, conhecimento e inovação.

Nesse sentido, conforme Andrade (2018:1), autores como Rheingold (2000) têm desenvolvido estudos sobre as implicações sociais da tecnologia, especialmente quanto à formação das chamadas "comunidades virtuais", tanto no interior das organizações como no ambiente externo:

> As comunidades virtuais são diversas relações pessoais que estão ligadas, e esses vínculos são formados e mantidos a partir de um computador, *tablet*, *smartphone* etc. Essas associações virtuais são criadas a partir de interações com trocas de informações, interesses e opiniões [Andrade, 2018:1].

Finalmente, cabe entender o conceito de comunidades de saber, proposto por autores como Cohendet, Créplet e Dupoet (2006:9-10):

> Uma comunidade de saber pode se definir como um grupo informal de membros que deve ser bem distinguido de entidades formais como os grupos funcionais ou equipes de projeto, caracterizados pelas seguintes propriedades: 1) o comportamento dos seus membros se caracteriza pelo engajamento voluntário na construção, troca e compartilhamento de um repertório de recursos cognitivos comuns, 2) através da prática e de trocas repetidas, os membros de uma dada comunidade constroem progressivamente uma identidade comum, 3) o cimento da comunidade de saber é assegurado pelo respeito de normas sociais específicas da comunidade.

Os mesmos autores enfatizam que o termo por eles proposto, comunidades de saber, não pode ser reconhecido nos meios acadêmicos como o único para representar o tipo de atividades de grupo por eles descritas, havendo outras nomenclaturas com o mesmo significado, tais como "comunidades intensivas em conhecimento" ou "comunidades cognitivas".

Observando-se o que existe publicado na literatura, poder-se-ia mesmo afirmar que o termo mais tradicional para representar grupos voltados para o compartilhamento de conhecimentos seria "comunidade de práticas", que é usualmente utilizado nos relatos de tais experiências no meio empresarial, como salientado aqui, anteriormente, nas práticas relacionadas à gestão do conhecimento.

O papel das lideranças inovadoras

Ao tratar das questões relacionadas à inovação, verifica-se que muito se discute se a mesma deve ser uma iniciativa *bottom up* – quando as pessoas que estão no dia a dia dos clientes e das soluções de problema iniciam os movimentos de transformação digital, cultural e processual – ou *top down* – quando há uma decisão executiva de mudança, com o consequente envolvimento das lideranças no dia a dia da inovação de uma organização.

Entretanto, independentemente do modelo de negócio e das demais características da instituição objeto da intervenção, "no contexto da inovação o lider possui a tarefa de criar e manter um ambiente propício, de forma a conduzir os colaboradores a apresentarem comportamentos desejados", nos dizem Dorow et al. (2015:210).

Nesta linha, ainda segundo os mesmos autores:

> A liderança ocupa um papel central na condução da inovação, e as competências do líder na implementação da mudança são determinantes para que o processo de inovação aconteça. Além de o líder possuir a competência para implementar mudanças, é necessário que os seus liderados a reconheçam para que se comprometam com o direcionamento desejado pelo líder [Dorow et al., 2015:210].

Dessa forma, no contexto das culturas organizacionais, cabe ressaltar o papel relevante das lideranças para os processos de inovação. A elas, compete a responsabilidade por motivar e mobilizar as pessoas e os grupos, e por "fazer acontecerem" as iniciativas, envolvendo em boa parte das situações atores externos ao contexto da empresa, em um processo de inovação aberta em parceria com clientes e fornecedores e, especialmente, com as comunidades acadêmicas.

Ainda cabe às lideranças inovadoras estabelecer vínculos efetivos com as estratégias e prioridades do negócio. Elas ajudam a alta administração a estabelecer uma visão sobre como inovar pode contribuir para diferenciar o negócio por meio de:

- vínculo dos projetos de inovação com os objetivos estratégicos do negócio;
- identificação e mobilização das competências internas, pessoas, processos e tecnologias;
- apoio à criação de uma cultura de compartilhamento da informação e do conhecimento no ambiente organizacional;
- identificação e coordenação da implementação de comunidades e redes de conhecimento no âmbito interno e nas parcerias com o ambiente externo;
- participação na seleção de tecnologias da informação e da comunicação (TIC) aderentes aos propósitos da inovação.

Além das competências gerais de uma liderança inovadora em qualquer dimensão do negócio, os líderes de projetos de inovação devem ainda incorporar habilidades específicas como:

- *ter visão estratégica e organizacional da inovação no contexto do negócio*: existem vários níveis de estratégias nas organizações, desde o plano corporativo – que envolve a visão global do negócio e o comprometimento de apoiar e estimular uma cultura de criação e compartilhamento do conhecimento –

até as gerências da linha de frente (áreas-fim) e da retaguarda (áreas-meio);

- *ser capaz de aglutinar, mobilizar e motivar as pessoas*: a liderança para a inovação é baseada na construção de relacionamentos, atuando constantemente junto às comunidades e redes de conhecimento, reconhecendo as contribuições individuais e provendo oportunidades de crescimento e desenvolvimento das pessoas e grupos. Os líderes encorajam outros membros das comunidades a assumirem papéis semelhantes em suas áreas de atuação, tornando real o conceito de "liderança distribuída";
- *saber comunicar*: o sucesso da liderança depende da habilidade dos líderes em transmitir conceitos, métodos e outros instrumentos de gestão da inovação, desde os gabinetes na administração superior até as várias unidades organizacionais e pessoas da linha de frente e da retaguarda. Ainda deve ser capaz de apresentar para todos os envolvidos no projeto uma visão global coerente do futuro que está sendo buscado. Para tanto, os líderes devem ser capazes de criar vínculos formais e informais em toda a organização, explorando os canais e meios de comunicação nos espaços físico e virtual;
- *agir como agente de mudança*: o desenvolvimento da inovação na maioria das organizações está aliado a mudanças estruturais, culturais e estratégicas. Como agentes de mudança, os líderes desses empreendimentos cumprem dois importantes papéis: de colaboradores e de catalisadores de ideias provenientes daqueles que estarão envolvidos com os novos conceitos, novas estratégias, novas tecnologias e novos processos de "como fazer";
- *facilitar o aprendizado das equipes*: o processo de inovação deve incutir nas comunidades e nas pessoas uma cultura de busca de aquisição do conhecimento. As lideranças envol-

vidas nessas ações têm como uma de suas responsabilidades ajudar as pessoas a desenvolver habilidades e competências para adquirir, criar e compartilhar conhecimento, por meio de ações de *coaching*, monitoria e uso de outras "técnicas relacionadas ao desenvolvimento de novas formas de pensar, como os mapas mentais utilizados no método de *design thinking*" (Brown, 2020:15).

Ainda no contexto da gestão de mudanças como elemento-chave para o sucesso dos processos de inovação, outros autores salientam a importância fundamental da adoção de estratégias efetivas de engajamento das pessoas, "de forma a 'vender' o projeto para os diferentes grupos que formam o coletivo de *stakeholders* da organização" (Carli, 2015:209-210):

- grupo controlador: possui a expectativa de aumento do valor da organização, seja pela maior transparência, seja pela entrada da organização em um grupo mais avançado de empresas;
- patrocinadores: como avalista do projeto, o patrocinador é um elemento de forte cobrança sobre o grupo, e sua expectativa de valor consiste no resgate de sua imagem, que foi "emprestada" ao projeto para que fosse bem-sucedido;
- comitê[s] executivo[s]: são como os clientes da equipe de projetos e disponibilizam recursos para que o projeto efetivamente aconteça. Contudo, o que eles consideram o acontecimento do projeto é de fato a obtenção dos benefícios propostos, e não somente a entrega do produto determinado pelo projeto;
- comitê técnico: este grupo está mais focado em como as coisas estão acontecendo e possui um bom alinhamento de expectativas com o gerente de projetos, ou seja, seu foco está em cumprir o compromisso assumido no tempo, na qualidade e com os custos propostos, sem surpresas;

- equipe de projeto: esse é um importante grupo do coletivo de *stakeholders*, e que, em sua maioria, é formado por pessoas que não conhecem o desenrolar de um projeto dessa natureza. A equipe de projeto considera como elementos de valor a visibilidade dos próximos passos e a tranquilidade que essa visibilidade traz;
- rede de mudanças: esse grupo está a meio caminho entre a equipe de projetos e os chamados usuários finais. Sua função é de ligação entre as comunidades afetadas e a equipe de projeto;
- usuários em geral: a expectativa de valor desse grupo é estar preparado para quando a mudança chegar, de forma que as pessoas não pareçam incompetentes e, por isso, sejam descartadas do processo de mudança.

Fatores críticos de sucesso nos projetos de inovação

Os fatores críticos de sucesso (FCS) são aqui considerados na acepção original da expressão proposta por Rockart (1979:81): "algumas áreas de atividade-chave, cujos resultados favoráveis são absolutamente necessários para os gerentes atingirem seus objetivos".

A implementação com êxito dos projetos de inovação depende da satisfação de um conjunto de pré-requisitos que constituem os fatores críticos de sucesso (FCS) do empreendimento. São eles:

- diretrizes corporativas provenientes da alta administração, estabelecendo a sintonia entre os objetivos estratégicos do negócio e os propósitos desejados para a gestão da inovação, com a clara definição dos objetivos, metas e resultados esperados. Os direcionadores estratégicos e os resultados alcançados devem ser compartilhados com os colaboradores em todos os níveis da estrutura organizacional;

- cultura organizacional interna alinhada a processos espontâneos de aprendizagem, orientação para o compartilhamento de ideias e do que é conhecido na forma tácita, engajamento efetivo dos colaboradores internos com a implementação das políticas e processos relacionados;
- gestão de pessoas baseada em políticas de incentivo e motivação dos colaboradores e recompensa associada a resultados alcançados por indivíduos e grupos. Ainda quanto à gestão de pessoas, cabe salientar o conhecimento das competências de cada um e o estímulo ao aprimoramento das habilidades por meio de programas formais de treinamento ou busca do autoaprendizado;
- políticas de aperfeiçoamento do clima organizacional a partir do conhecimento sobre o que incomoda e o que agrada aos colaboradores, tendo como foco sua fidelização à empresa;
- sistemas e tecnologias da informação orientados para propiciar oportunidades para a implementação dos processos e práticas inovados, cabendo ressaltar que tais soluções devem estar compatíveis com as características específicas do ambiente organizacional em que estão sendo inseridas;
- equipe técnica capacitada para a exploração dos recursos tecnológicos disponíveis, especialmente quanto a ambientes de *big data* e de inteligência artificial, como os cientistas de dados e os especialistas em assuntos associados à inteligência artificial;
- estratégias e tecnologias para aprendizagem com o ambiente externo, a partir da exploração de informações disponíveis nas redes sociais, nos registros de conversas com os *contact centers* e nas interações dos clientes com a organização;
- existência de critérios e padrões para mensuração dos resultados das ações e projetos, nas perspectivas de valor econômico agregado, valor real agregado e valor interno agregado.

Estratégias de implantação compatíveis com a cultura organizacional

Os capítulos precedentes evidenciaram a complexidade sistêmica da inovação organizacional, que depende de vários fatores: disponibilidade de ativos de informação, conhecimento e inteligência, tecnologias da informação e da comunicação, pessoas e equipes dispostas e dedicadas às ações de inovar e, finalmente, a existência de processos e práticas de gestão do conhecimento que tenham impacto e gerem efetividade no processo de inovação.

Dito isso, cabe estabelecer por onde começar o processo efetivo de inovação, ou, como postulado por alguns autores, "o que faço na segunda-feira de manhã?" (O'Dell e Grayson Jr., 2000:221). Isto é, dada a proposição de valor do negócio, cabe estabelecer como chegar aonde se pretende, o que envolve escolher a melhor alternativa para organização das estruturas e equipes a serem envolvidas nos projetos de inovação.

Assim, entre os objetivos da fase 1 (normalmente conduzidos por uma pequena força-tarefa ou grupo de consultores internos) estão, ainda segundo O'Dell e Grayson Jr. (2000:223):

1) avaliar suas oportunidades atuais de compartilhamento do conhecimento;
2) identificar sua proposição de valor;
3) achar um defensor para o(s) projeto(s) inicial(is);
4) informar e preparar a organização;
5) definir o *business case*.

Complementarmente, apresentamos, a seguir, as opções propostas por Nonaka e Takeuchi (1997:141), voltadas para o desenvolvimento de ambientes de conhecimento e de inovação:

- de cima para baixo (*top-down*);
- de baixo para cima (*bottom-up*); e
- do meio para cima e para baixo (*middle-up-down*).

Na alternativa de cima para baixo (*top-down*), as iniciativas partem do nível organizacional estratégico e vão se desdobrando em cascata para os níveis inferiores. Essa opção é mais suscetível de aplicação nas situações em que as ações geram diferenciadores estratégicos para o negócio, contemplando as tecnologias emergentes da informação. Tais projetos envolvem os gestores dos níveis estratégico e gerencial tático, com forte interação com equipes multidisciplinares, responsáveis pelas tecnologias da informação e sua aplicação nas inovações nos produtos, serviços e processos.

Na opção de baixo para cima (*bottom-up*) há um espaço maior para adoção de iniciativas provenientes das equipes da linha de frente, que interagem diretamente com os clientes, como os gerentes operacionais e as equipes das unidades de *call centers* e *contact centers* das empresas. Ou seja, quando se adota a alternativa de baixo para cima, há maior favorecimento à participação individual e de grupos nos processos de inovação, resultando em maior incidência de socialização do conhecimento tácito ou de sua preservação na forma de conhecimento explícito.

Entre os casos mais relatados de experiências desse tipo estão as comunidades de prática, o modo de socialização mais antigo incorporado à gestão do conhecimento e da inovação, os fóruns e listas de discussão, as lições aprendidas, as oficinas de aprendizagem e as salas de bate-papo citadas no capítulo precedente.

Essas iniciativas de socialização são facilitadas quando existe uma cultura de compartilhamento e de aprendizado contínuo na organização, o que está associado à implementação de medidas de estímulo ao engajamento dos colaboradores em relação ao desempenho e ao resultado da empresa.

No modo do meio para cima e para baixo (*middle-up-down*), a alta administração responde pela criação da visão quanto aos processos de inovação nos negócios, enquanto a gerência de nível tático desenvolve iniciativas específicas implementadas por meio das unidades executivas da linha de frente (atividade-fim) ou da retaguarda (atividade-meio).

Nessa modalidade, os gestores de nível médio assumem um papel essencial, pois fazem a intermediação entre os desejos da alta administração e as possiblidades reais percebidas por eles juntamente com as equipes executivas, levando em conta as restrições técnicas, operacionais, financeiras e tecnológicas existentes.

Nessas situações verificam-se práticas relacionadas aos quatro modos de criação e compartilhamento do conhecimento, como descrito precedentemente na seção "Práticas de gestão do conhecimento aplicadas ao processo de inovação", com cada organização, priorizando as linhas de projetos mais aderentes à solução de seus problemas específicos.

Existem duas áreas-chave nas organizações que exercem papel fundamental para o sucesso dos empreendimentos de inovação: os setores de tecnologia da informação e de recursos humanos, que funcionam como braços auxiliares das unidades organizacionais de linha de frente ou da retaguarda, que respondem pelos projetos.

Entretanto, não há um padrão (consenso) definido sobre quem efetivamente é responsável pela coordenação dos projetos dessa natureza: além daquelas empresas que possuem um setor com esse propósito específico, em outras situações as responsabilidades são divididas com o setor de tecnologia da informação, que cuida da gestão da informação e do conhecimento, e da aplicação das tecnologias da informação e da comunicação nos processos do negócio.

Cabe ainda salientar que em projetos mais complexos de maior monta, a estrutura de suporte aos processos de inovação deve mobilizar outras categorias de *stakeholders*, como mencionado anteriormente: administração superior, unidades internas e partes interessadas no ambiente externo, entre outros.

Uma pergunta relevante, já levantada antes nesta seção, diz respeito a por onde começar as ações de inovação. Nesse sentido, deve ser identificada a questão crítica a ser enfrentada: quais objetos de inovação, sejam eles processos, recursos-chave ou unidades do negócio devem merecer atenção dos projetos pioneiros?

Um critério objetivo para a escolha é a percepção dos atributos de valor relevantes de cada objeto candidato à inovação, a partir do entendimento do modelo do negócio, conforme demonstrado na figura 13.

Figura 13
Modelo conceitual de entendimento do negócio

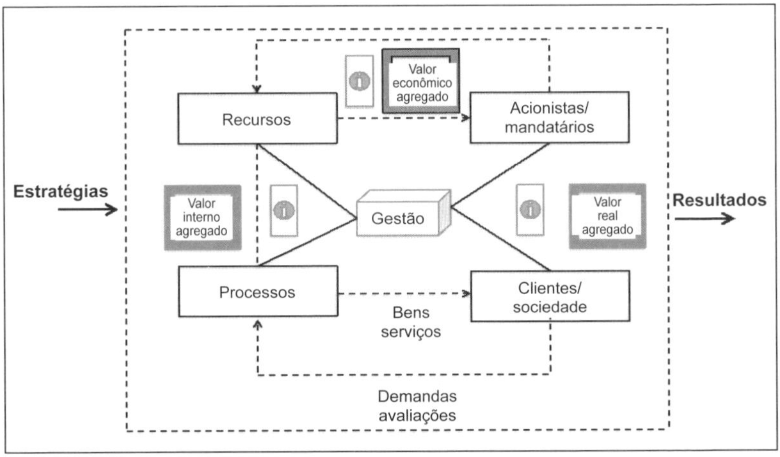

Fonte: Elaborada pelos autores com base em Rummler, Ramias e Wilkins (2011).

O modelo conceitual ilustrado na figura 13 foi elaborado em conformidade com o conceito da empresa como uma "máquina de valor", como entendido por Rummler, Ramias e Wilkins (2011:9): "que existe para produzir produtos e serviços valiosos para clientes e um retorno para as partes financeiras interessadas".

Ainda na mesma linha, eles postulam que existem três dimensões críticas para a análise do desempenho dos negócios (Rummler, Ramias e Wilkins, 2011):

- a dimensão do valor, ou seja, o sistema de trabalho que agrega valor, que entrega produtos e serviços aos clientes, que estamos conceituando como valor real agregado (VRA);
- a dimensão dos recursos, que contempla os escassos recursos necessários para realizar o trabalho de agregação de valor da empresa, que estamos conceituando como valor interno agregado (VIA);
- a dimensão da gestão, englobando os processos, práticas e políticas em vigor para projetar e gerenciar as outras duas dimensões e fazer as compensações inevitáveis entre elas, que estamos conceituando como valor econômico agregado (VEA).

As dimensões de valor acima enunciadas existem para qualquer ambiente de negócio no contexto da empresa privada, ou para a sociedade no âmbito da administração pública.

Na empresa privada, os acionistas aportam recursos ao negócio na forma de capital financeiro e são remunerados por meio de dividendos ou outro modo de compensação.

Já na administração pública, os mandatários (agentes do poder executivo) cuidam do aporte de recursos para as instituições e respondem pela satisfação dos interesses do governo e pelo atendimento às necessidades da sociedade, criando valor público: benefícios gerados para a sociedade e os cidadãos.

Em ambas as situações, a gestão deve estar norteada por proposições de valor, pela otimização do uso de recursos (financeiros, materiais, de pessoas) e pela execução dos processos de inovação, voltados tanto para atendimento aos clientes/sociedade como para as atividades internas do negócio.

Foi com base nas considerações precedentes de Rummler, Ramias e Wilkins (2011) que propusemos, em nosso modelo conceitual, as três dimensões de valor: econômico agregado, real agregado e interno agregado, sobre os quais discorremos a seguir.

O valor econômico agregado (VEA) é o indicador que melhor reflete a criação de riqueza para os acionistas. Nessa perspectiva, devem ser buscados meios para estabelecer um canal efetivo de comunicação com os acionistas e mandatários do negócio, especialmente quanto à governança corporativa nos planos da transparência e do *accountability*.

Na dimensão da transparência, entende-se que a administração deve buscar meios para informar aos seus acionistas ou mandatários não só o desempenho econômico-financeiro da companhia, mas também todos os demais fatores, ainda que intangíveis, que norteiam a ação empresarial.

A dimensão do *accountability* caracteriza-se pela prestação de contas da atuação dos agentes de governança corporativa a quem os elegeu, com responsabilidade integral por todos os atos que praticarem.

O valor real agregado (VRA) é um conceito utilizado para estabelecer critérios objetivos quanto à avaliação de como somos percebidos e avaliados na perspectiva do cliente ou da sociedade (e do cidadão) e sobre quais são suas expectativas em relação ao nosso negócio.

Os atributos de VRA são de três tipos: produtos e serviços fornecidos, imagem e reputação do negócio, forma e meios de relacionamento com os clientes e com o mercado.

Os atributos associados aos produtos e serviços fornecidos podem contemplar a satisfação das expectativas do cliente, a funcionalidade, a qualidade, o preço e as condições de fornecimento.

Os atributos de imagem e reputação referem-se a sentimentos quanto à segurança, confiança e transparência do produto ou serviço fornecido.

Já na perspectiva do relacionamento com o cliente e mercado na empresa privada, ou cidadão e sociedade na administração pública, são relevantes a avaliação quanto à facilidade de interação e o uso dos canais de acesso disponibilizados.

A dimensão de VRA guarda estreita sintonia com a perspectiva dos clientes, prestando-se à adoção de estratégias de gestão especialmente quanto:

- ao conhecimento dos segmentos de clientes e das propostas de valor associadas a eles;
- a como a empresa deveria alcançá-los para entregar os produtos e serviços associados às propostas de valor.

O valor interno agregado (VIA) tem como foco a gestão dos recursos e processos no plano interno do negócio, envolvendo as perspectivas dos processos e de aprendizagem e de crescimento organizacional sob duas dimensões principais: eficiência e eficácia, entendidas como proposto por Sobral e Peci (2008:5):

- eficiência é a capacidade de realização das atividades da organização, minimizando a utilização dos seus recursos, ou seja, é a capacidade de desempenhar corretamente as tarefas, sendo uma medida da relação entre os resultados alcançados e os recursos consumidos;
- eficácia é a capacidade de realizar as atividades da organização de modo a alcançar os objetivos estabelecidos. Implica escolher os objetivos certos e conseguir atingi-los.

Outros critérios que podem influir na escolha das prioridades de intervenção são:

- sua efetividade, ou seja, a real necessidade e oportunidade de determinada ação empreendida em detrimento de outras;

- a existência de patrocinadores interessados em apoiar, politicamente e no âmbito gerencial, as ações possíveis de serem empreendidas em cada uma das áreas candidatas;
- a existência de agentes e comunidades de conhecimento interessados em desenvolver iniciativas pioneiras, que sirvam de efeito de demonstração para o restante da empresa;
- a disponibilidade dos meios tecnológicos, operacionais e financeiros necessários para sua execução.

Definidas as áreas a serem objeto das iniciativas de inovação, cabe em seguida identificar um projeto-piloto a ser executado, a natureza dos modos de criação e compartilhamento a serem utilizados – socialização, externalização, combinação ou internalização – e as respectivas práticas.

O início do projeto-piloto deve ser precedido das seguintes medidas complementares:

- elaboração do caso de negócio (*business case*);
- definição de um grupo de gestores e agentes para o acompanhamento de sua execução;
- definição de estratégia de comunicação para divulgar os resultados de andamento da execução do projeto no âmbito da empresa e de parceiros externos envolvidos; e
- mobilização das pessoas e dos recursos financeiros e tecnológicos para início do projeto.

Desenvolvimento e implementação de projeto-piloto de ambientes de inovação

Um dos maiores desafios da implementação de ambientes de inovação nas organizações está em alcançar aceitação e credibilidade das pessoas em relação a essas ações e aos resultados pretendidos.

Para isso, recomenda-se que a gestão da inovação seja desencadeada por meio de um projeto-piloto, estruturado a partir de um caso de negócio (*business case*) para definição dos parâmetros de sua execução.

O projeto-piloto testa a aplicação dos conceitos, métodos, processos e tecnologias no ambiente organizacional. A partir da avaliação dos resultados alcançados, ele serve como parâmetro para a extensão da experiência a outros contextos no ambiente do negócio.

Trata-se de uma estratégia de aprendizagem, além da redução de riscos que estão sempre incorporados em projetos que envolvem mudança e inovação.

O quadro 9 apresenta um roteiro para a estruturação de um projeto-piloto (*business case*) para desenvolvimento e implementação de ambientes de informação e conhecimento nas organizações, que pode ser aplicável a projetos de inovação.

Quadro 9

Implementação de projetos-piloto de ambientes de inovação

Seção do projeto-piloto	Conteúdo
1. Justificativa	Por que desenvolver o projeto-piloto? Quais são as razões ou necessidades operacionais e como elas se relacionam com os objetivos estratégicos do negócio?
2. Objetivos	Quais são os resultados esperados com a execução do projeto?
3. Descrição do projeto	Quais são o escopo e a abrangência do projeto? Como ele será implementado?
4. Contribuição do projeto para a organização	Como as ações projetadas contribuirão efetivamente para suprir as necessidades organizacionais? Qual será o modo de atuação organizacional adotado ao longo do projeto: de cima para baixo? De baixo para cima? Do meio para cima e para baixo?
5. Fatores críticos de sucesso	Que fatores contribuirão de forma decisiva para o projeto alcançar os resultados esperados?
6. Custos x benefícios (C x B)	Qual a relação entre o custo de implementar o projeto e os benefícios decorrentes do alcance dos objetivos propostos? Quais são as métricas estabelecidas para apuração dessa relação (C x B)?

Fonte: Elaborado pelos autores com base em Batista (2012:97).

Após sua implementação, devem-se avaliar os resultados obtidos e as lições aprendidas. Como salienta Batista, "o projeto-piloto é uma atividade de aprendizagem organizacional. Para isso acontecer, precisamos avaliar nossa experiência para identificar o que aprendemos" (Batista, 2012:112).

As lições aprendidas com o projeto-piloto servirão de parâmetro para extensão dos projetos a outros domínios dentro da organização: o que andou bem e deve ser replicado em ações subsequentes? O que não andou bem e necessita ser corrigido? Que fatores críticos de sucesso foram relevantes para o que foi bem-sucedido?

Nessa avaliação devemos nos concentrar especialmente na tríade composta por pessoas, processos e tecnologias, como foi salientado ao longo de todo o livro:

- Quanto às pessoas, o que se faz necessário para ir adiante nos projetos: maior engajamento dos colaboradores? Capacitação das pessoas? Incorporação de novas especialidades?
- Quanto aos processos, deve-se identificar até que ponto o modelo de estruturação das equipes adotado foi adequado ao que se pretendeu obter com o projeto-piloto, o que também deve ser considerado quanto aos processos de criação e compartilhamento do conhecimento (espiral do conhecimento) e respectivas práticas.
- Da mesma forma, deve-se avaliar se o contexto das tecnologias da informação e da comunicação adotadas foi adequado para o que se pretendeu alcançar com o projeto-piloto e, especialmente, se a adoção de novas soluções é necessária para a continuidade das ações, especialmente no plano das tecnologias emergentes da informação, como ambientes de *big data* e inteligência artificial, entre outras.

Conclusão

Concluir um livro sobre gestão da inovação é uma tarefa que inspira cuidados e traz alguns temores.

Como dito nas primeiras palavras deste livro, inovar é cada vez mais necessário, constituindo a principal (e às vezes a única) forma de as empresas se manterem competitivas no mercado, diante das cada vez mais aceleradas e radicais mudanças propiciadas pelas tecnologias da informação e da comunicação, como a inteligência artificial, e pelo surgimento de novos entrantes no mercado na forma de *startups*.

Estando o processo de inovação nas empresas cada vez mais dependente e condicionado por uma gama de tecnologias que se renovam em ciclos cada vez menores, o risco da rápida obsolescência de uma série de conceitos e modelos de inovação é uma realidade concreta.

Por essa razão, optou-se aqui pelo exame da inovação e do sentido de sua aplicação de forma mais ampla, constituindo um processo que deve ser visto por diversas perspectivas e como uma atividade permanente, que não para nunca.

Inicialmente, a suposição fundamental foi de que a inovação é um recurso-chave para a sustentação e competitividade dos negócios, mas que, para ter efetividade, deve estar inserida na gestão estratégica do negócio.

Assim, desde o momento em que se coloca em discussão a questão da inovação na empresa, ela deve ser encarada como um movimento estratégico, tendo como consequências a criação de novos mercados, a evolução de produtos ou serviços já existentes ou mudanças, na cadeia de produção, que atingem o consumidor em vários aspectos, como no preço, no alcance e na velocidade de entrega e na qualidade e quantidade do que é disponibilizado, entre outros aspectos.

Quando se trata da gestão pública, a inovação ainda deve enfatizar a criação de valor para a sociedade, seja no atendimento ao cidadão ou na eficiência dos processos internos ou qualquer outra dimensão da organização.

Ainda, salientou-se o papel dos ativos intangíveis como recursos estratégicos para a diferenciação e inovação nos negócios, envolvendo informação, conhecimento e inteligência. Na mesma linha, a premissa foi de que a inovação é decorrência de uma ação contínua de criação e compartilhamento do conhecimento organizacional, embasada na interação de três camadas distintas, porém relacionadas entre si.

A primeira camada é a clássica espiral do conhecimento, por meio de quatro modos: socialização, externalização, combinação e internalização, consistindo em um processo contínuo e interativo para criar e compartilhar o conhecimento em um determinado contexto organizacional e nas suas relações com o ambiente externo.

Os processos relacionados a essa primeira camada estão sustentados em duas dimensões complementares: epistemológica e ontológica. Na perspectiva epistemológica, o conhecimento sempre nasce na forma tácita e daí evolui para o modo explícito, enquanto no ponto de vista ontológico o conhecimento parte do indivíduo e evolui até o conhecimento organizacional consolidado.

A segunda camada refere-se aos contextos de espaços e plataformas nos quais ocorrem a criação e o compartilhamento do conhecimento e dos processos de inovação deles decorrentes: locais físicos, como um escritório, uma sala de aula, um laboratório de experimentos ou um local para troca de ideias; espaços virtuais, como ambientes nas redes sociais ou na intranet organizacional ou plataformas de *software* para apoiar a discussão de ideias entre pessoas interessadas em um tema comum, como os fóruns de discussão e as comunidades de práticas.

A terceira camada abrange a consideração de quatro categorias de ativos de conhecimento:

- conhecimento tácito, derivado da experiência e da formação das pessoas;
- conhecimento explícito, registrado na forma de linguagens formais, como textos, fluxogramas, taxonomias e ontologias;
- conhecimento rotineiro, incorporado em rotinas e práticas organizacionais na forma tácita;
- conhecimento sistêmico, explicitado em sistemas de organização do conhecimento, como os ambientes e ferramentas de *big data*, *analytics* e de inteligência artificial.

Como decorrência dessas considerações, a dimensão humana evidencia-se como fundamental nos processos de inovação nas organizações e se materializa em um tripé formado pela atuação individual das pessoas que dela fazem parte, pela atuação da ação integrada de seus "times de gestão" e comunidades e pelas lideranças inovadoras.

Dessa forma, processos de inovação transcendem o redesenho de processos e produtos e o uso de novas tecnologias. Não se pretende com isso diminuir o relevante papel que as tecnologias desempenham no mundo de hoje e desempenharão no futuro, mas há que se adotar a postura de que elas devem estar a serviço dos propósitos do negócio e não o contrário.

Ainda quanto ao incentivo à geração de novas ideias, é necessário criar uma cultura de compartilhamento e de empreendedorismo na empresa, em que as pessoas sejam encorajadas a compartilhar o que conhecem e a assumir iniciativas e os possíveis riscos de propor inovações.

Assim, a implementação de ambientes organizacionais inseridos no contexto da sociedade da inovação depende essencialmente da percepção da cultura organizacional da instituição, além das características e expectativas das comunidades que dela fazem parte.

Finalmente, as lideranças inovadoras desempenham um papel-chave no estabelecimento, no encorajamento e na coordenação da execução das ações de inovação nas organizações.

Elas ajudam a alta administração a estabelecer uma visão sobre como inovar pode contribuir para diferenciar o negócio, articulam as interações do nível superior com a base organizacional e respondem pela mobilização e motivação das pessoas para a implementação das inovações pioneiras.

Tais foram os princípios fundamentais que nortearam os autores na elaboração desta obra, por meio da qual nos propusemos a criar um instrumento de conhecimento explícito que refletisse, mais do que conceitos teóricos, uma consolidação das nossas experiências teóricas e práticas em ambientes e processos organizacionais, e também na academia, quanto à gestão do conhecimento e da inovação.

Referências

ALBERONI, F.; VECA, S. *O altruísmo e a moral*. Rio de Janeiro: Rocco, 1988.

ALBRECHT, K. *O poder das mentes em ação*: desenvolvimento e gestão da inteligência organizacional. Rio de Janeiro: Campus, 2003.

ALLEE, V. *The future of knowledge*: increasing prosperity through value networks. Nova York: Elsevier, 2003.

AMANTEA, R. Organizações ambidestras. *GV Executivo*, v. 17, n. 5, out. 2018, p. 43-46. Disponível em: <http://bibliotecadigital.fgv.br/ojs/index.php/gvexecutivo/article/view/77342/74191>. Acesso em: 27 abr. 2020.

ANDRADE, F. A Comunidade virtual por Howard Rheingold. *Jornalismo ESPN*, 10 jun. 2018. Disponível em: <https://medium.com/@jornalismoespm2017.1/o-ldrv-e-o-conceito-de-comunidade-virtual-por-howard-rheingold-172d74995eea>. Acesso em: 28 jul. 2020.

ANPROTEC. Vale e Vedacit apresentam seus cases de inovação aberta e relacionamento com startups. *Anprotec*, 26 nov. 2020. Disponível em: <https://anprotec.org.br/site/2020/11/vale-e-vedacit-apresentam-seus-cases-de-inovacao-aberta-e-relacionamento-com-startups/>. Acesso em: 8 fev. 2021.

BAHRA, N. *Competitive knowledge management*. Londres: Palgrave, 2001.

BANCO DO BRASIL. 70% do atendimento nas redes sociais é feito por robô. *Tiinside*, 2018. Disponível em: <https://tiinside.com.br/30/01/2018/banco-do-brasil-70-do-atendimento-nas-redes--sociais-e-feito-por-robo/>. Acesso em: 16 mar. 2020.

BATISTA, F. F. *Modelo de gestão do conhecimento para a administração pública brasileira*: como implementar a gestão do conhecimento para produzir resultados em benefício do cidadão. Brasília: Ipea, 2012.

______ et al. *Gestão do conhecimento na administração pública*: texto para discussão n. 1095. Brasília: Ipea 2005.

BLANK, S. G. *Do sonho à realização em 4 passos*: estratégias para a criação de empresas de sucesso. São Paulo: Évora, 2012.

BOURDIEU, P. *Esboço de uma teoria da prática*: procedido de três estudos sobre etnologia cabila. Celta: Oeiras, 2002.

BROWN, T. *Design Thinking:* uma metodologia ponderosa para decretar o fim das velhas ideias. Rio de Janeiro: Alta Books, 2020.

CAMMAN, C.; NADLER, D. Fit control systems to your managerial style. *Harvard Business Review*, Boston: Harvard University, v. 54, n. 1, jan./fev. 1976, p. 65-72.

CAMPOS, L. M. Classificação de objetos de fronteira na organização do conhecimento e o papel das ontologias. *LIINC em Revista*, Rio de Janeiro, v. 14, n. 2, 2018.

CARLI, E. *Gestão de mudanças aplicada a projetos*: ferramentas de change management para unir PMO e CMO. Rio de Janeiro: Brasport, 2015.

CHAKRABORTY, A. *Prolog in artificial intelligence*: artificial intelligence. Introduction. [S.l.]: [s.n.], [s.d.]. Disponível em: <pdf/https://www.tutorialspoint.com/prolog_in_artificial_intelligence/ai_introduction.asp>. Acesso em: 19 fev. 2019.

CHESBROUGH, H. W. The era of open innovation. Boston, *MIT Sloan Management Review*, primavera 2003a. Disponível em: <https://

sloanreview.mit.edu/article/the-era-of-open-innovation/>. Acesso em: 15 mar. 2021.

______. Open Innovation: the new imperative for creating and profiting for technology. Boston: *Harvard Business School Press*, 2003b.

______; VANHAVERBEK, W.; WEST, J. T. *Novas fronteiras em inovação aberta*. São Paulo: Edgard Blucher, 2017.

CHRISTENSEN, C.M. *O dilema da inovação*: quando as novas tecnologias levam as empresas ao fracasso. São Paulo: M. Books do Brasil, 2012.

______; OJOMO, E; DILLON, K. After 40 years studying innovation here is what i have learned. *StartUP FIU*, 2019. Disponível em: <https://startup.fiu.edu/after-25-years-studying-innovation-here-is-what-i-have-learned/>. Acesso em: 8 fev. 2021.

______ et al. Finding the right job for your product. *MIT Sloan Management Review*, Boston, primavera 2007. Disponível em: <www.semanticscholar.org/paper/Finding-the-Right-Job-for-Your-Product-Christensen-Anthony/>. Acesso em: 25 fev. 2021.

COHEN, A. *The symbolic construction of community*. Londres: Routledge, 1985.

COHENDET, P.; CRÉPLET. F.; DUPOET, O. *La gestion des connaissances*: firmes et communautés de savoir. Paris: Economica, 2006.

DAHLIN, K. B.; BEHRENS, D. M. When is an invention really radical? Defining and measuring technological radicalness. *Research Policy*, Toronto, v. 34, n. 5, 2005. Disponível em: <https://papers.ssrn.com/sol3/papers.cfm?abstract_id=899369>. Acesso em: 15 mar. 2021.

DAVENPORT, T. *Ecologia da informação*. São Paulo: Futura, 1998.

DE JONG, M.; MARSTON, N.; ROTH, E. The eight essentials of innovation. *McKinsey Quarterly*, n. 2, p. 36-47, 2015.

DE MASI, D et al. (Org). *A emoção e a regra*. Rio de Janeiro: José Olympio, 1999.

DOROW, P. et al. O líder inovador segundo a percepção de gestores intermediários. *Revista de Administração e Inovação*, São Paulo, v. 12, n. 3, jul./set. 2015, p. 209-225.

DRUCKER, P. F. *As novas realidades*. 4. ed. São Paulo: Pioneira, 1997.

EDVINSSON, L.; MALONE, M. *Capital intelectual*. São Paulo: Makron Books, 1998.

EMERY, J. C. *Management information systems*. Nova York: Oxford University Press, 1987.

ENGEROFF, R.; BALESTRIN, A. Inovação fechada *versus* inovação aberta: um estudo de caso da indústria de cutelaria. In: SIMPÓSIO DE GESTÃO DA INOVAÇÃO TECNOLÓGICA, XXV, 2008. Brasília. *Anais*... Brasília, Anpad, 2008.

ÉPOCA NEGÓCIOS. De Uber a Nubank: as empresas que valem bilhões, mas nunca registraram lucro. *Época Negócios*, São Paulo, 2019. Disponível em: <https://epocanegocios.globo.com/Empresa/noticia/2019/09/de-uber-nubank-empresas-que-valem-bilhoes-mas-nunca-registraram-lucro.html>. Acesso em: 19 mar. 2021.

FELDMAN, R.; SANGER, J. *The text mining handbook*: advanced approaches in analyzing unstructured data. Nova York: Cambridge University Press, 2007.

FIGUEIREDO, R; LAMOUNIER, B. *As cidades que dão certo*. São Paulo: MH Comunicação, 1996.

FITZ-ENZ, J. *The e-aligned enterprise*. Nova York: Amacom, 2001.

FLEURY, N. M. *Modelo conceitual de ambiente de conhecimento para apoio à formação do convencimento do magistrado*. Tese (doutorado) – Coppe, Universidade Federal do Rio de Janeiro, Rio de Janeiro 2011. Disponível em: <www.coc.ufrj.br/es/teses-de-doutorado/155-2011/1272-newton-meyer-fleury>. Acesso em: 16 mar. 2021.

FORD, M. *Os robôs e o futuro do emprego*. Rio de Janeiro: Best Business, 2019.

GIFFINGER, R.; HAINDLMAIER, G.; KRAMAR, H. The role of rankings in growing city competition. *Urban Research & Practice*, n. 33, 2010, p. 299-312.

HAN, J.; KAMBER, M. *Data mining*: concepts and techniques. San Diego: Elsevier, 2001.

HASKEL, J.; WESTLAKE, S. *Capitalism without capital*: the rise of the intangible economy. Nova Jersey: Princeton University Press, 2018.

HISLOP, D. *Knowledge management in organizations*: a critical introduction. Nova York: Oxford University Press, 2005.

IBM. *The net result: report of the national working party for social inclusion*. Londres: IBM Community Development Foundation, 1997. Disponível em: <https://files.eric.ed.gov./fulltext/ED433009.pdf. Acesso em: 15 dez. 2019.

KEPLER, J. Inovação não é somente tecnologia. *Startupi*, 16 nov. 2015. Disponível em: <https://startupi.com.br/2015/11/inovacao-nao-e-somente-tecnologia/>. Acesso em: 24 fev. 2021.

KIM, W. C; MAUBORGNE, R. *A estratégia do oceano azul*: como criar novos mercados e tornar a concorrência irrelevante. Rio de Janeiro: Sextante, 2019.

LACERDA, F. Business model canvas x lean canvas. *21212 Academy*, 2014. Disponível em: <https://academy.21212.com/assets/docs/21212-Academy-Business-Model-Canvas-X-Lean-Canvas.pdf>. Acesso em: 15 mar. 2021.

LATOUR, B. Como terminar uma tese de sociologia: pequeno diálogo entre um aluno e seu professor um tanto socrático. *Cadernos de Campo*, São Paulo, n. 14/15, 2006.

LEE, K. *Inteligência artificial*: como os robôs estão mudando o mundo, a forma como amamos, nos relacionamos, trabalhamos e vivemos. São Paulo: Globo Livros, 2019.

LÉVY, P. *A inteligência coletiva*. São Paulo: Loyola, 1998.

MAGRANI, E. A internet das coisas no Brasil: estado da arte e reflexões críticas ao fenômeno. *Instituto Igarapé*, nov. 2018. Disponível em: <https://igarape.org.br/wp-content/uploads/2018/11/A-das--Coisas-no-Brasil-Estado-da-arte-e-reflexões-críticas-ao-fenô meno-Eduardo-Magrani.pdf. Acesso em: 24 fev. 2021.

MAURYA, A. *Comece sua startup enxuta*: aprenda a aplicar a metodologia lean em seu (novo) negócio. São Paulo: Saraiva, 2018.

MCKENZIE, Pamela J. A model of information practices in accounts of everyday-life information seeking. *Journal of Documentation*, Bingley, v. 59, n. 1, 2003, p. 19-40.

MINTZBERG, H.; AHLSTRAND, B.; LAMPEL, J. *Safári de estratégia*. Porto Alegre: Bookman, 2000.

NARCIZO, R. B. et al. *Variações conceituais nas definições de inovação ao longo das últimas décadas: uma análise da literatura*. Florianópolis: VII Egepe, 2012. Disponível em: <www.researchgate.net/publication/282815100>. Acesso em: 8 fev. 2021.

NONAKA, I.; TAKEUCHI, H. *Criação de conhecimento na empresa*. Rio de Janeiro: Campus, 1997.

NORMAN, D. *O design do dia a dia*. São Paulo: Anfiteatro, 2006.

OCDE. Organização para Cooperação Econômica e Desenvolvimento. *Manual de Oslo*: proposta de diretrizes para coleta e interpretação de dados sobre inovação tecnológica. 3. ed. Rio de Janeiro: Finep, 2006. Disponível em: <www.finep.gov.br/images/apoio-e-financiamento/manualoslo.pdf>. Acesso em: 10 abr. 2020.

O'DELL, C.; GRAYSON JR., C. *Ah... se soubéssemos antes o que sabemos agora*: as melhores práticas gerenciais ao alcance de todos. São Paulo: Futura, 2000.

OLIVEIRA, S. B.; ALMEIDA NETO, M. A. (Org.). *Análise e modelagem de processos de negócio*: foco na notação BPMN. São Paulo: Atlas, 2009.

OSTERWALDER, A.; PIGNEUR, Y. *Business model generation*: inovação em modelos de negócios. Rio de Janeiro: Alta Books, 2011.

PAIVA, M. S. et al. Inovação e os efeitos sobre a dinâmica de mercado: uma síntese teórica de Smith e Schumpeter. *Interações*, Campo Grande [*on-line*], v. 19, n. 1, p. 155-170, 2018. Disponível em: <www.scielo.br/scielo.php?script=sci_abstract&pid=S1518-7012201800010015 5&lng=en&nrm=iso&tlng=pt>. Acesso em: 23 fev. 2021.

RHEINGOLD, H. *The virtual community*: homesteading on the electronic frontier. 2. ed. Cambridge, MA: MIT Press, 2000.

RIES, E. *A startup enxuta*: como usar a inovação contínua para criar negócios radicalmente bem-sucedidos. Rio de Janeiro: GMT, 2019.

ROCKART, J. Chief executives define their own data needs. *Harvard Business Review*, Boston, v. 57, n. 2, mar./abr. 1979, p. 81-93.

RODRIGUEZ Y RODRIGUEZ, M. V. *Gestão empresarial*: organizações que aprendem. Rio de Janeiro: Qualitymark, 2002.

______. *Gestão do conhecimento e inovação nas empresas*. Rio de Janeiro: Qualitymark, 2010.

ROGERS, D. *Transformação digital*: repensando o seu negócio para a era digital. São Paulo: Autêntica Business, 2017.

RUMMLER, G.; RAMIAS, A. J.; WILKINS, C. L. *reDiscovering value:* leading the 3-D enterprise to sustainable success. San Francisco: Jossey Bass, 2011.

SAVOLAINEN, R. Information behavior and information practice: reviewing the "umbrella concepts" of information-seeking studies. *Library Quarterly*, Chicago, v. 77, n. 2, 2007, p. 109-132.

SEBRAE. *O que é uma startup e o que ela faz?* Disponível em: <sebrae.com.br/sites/PortalSebrae/ufs/pi/artigos/voce-sabe-o-que-e-uma-startup-e-o-que-ela-faz,e15ca719a0ea1710VgnVCM1000004c00210aRCRD>. [S.l.] Sebrae, 2020. Acesso em: 15 set. 2021.

SHORE, C. In: OUTHWAITE, William et al. *Dicionário do pensamento social do século XX*. Rio de Janeiro: Jorge Zahar, 1996, p. 115-116 (verbete "Comunidade").

SILVERZWEIG, S.; ALLEN, R. F. Changing the corporate culture. *Sloan Management Review*, Cambridge, primavera 1976.

SKYRME, D. *Knowledge networking*: creating the collaborative enterprise. Boston: Butterworth Heinemann, 1999.

SOARES NETO, H. *O tiro e o alvo*: aforismos para resolução de problemas de negócios. Rio de Janeiro: Cais Pharoux, 2009.

SOBRAL, F.; PECI, A. *Administração*: teoria e prática no contexto brasileiro. 2. ed., São Paulo. Pearson Education do Brasil. 2008.

SPOTIFY. *Portal institucional*. [S.d.]. Disponível em: <www.spotify.com/br/>. Acesso em: 1 mar. 2021.

STAR, S. L.; GRIESEMER, J. R. Institutional ecology, translations' and boundary objects: amateurs and professionals in Berkeley's Museum of Vertebrate Zoology, 1907-39. *Social Studies of Science*, v. 19, n. 3, 1989, p. 387-420.

STEFANOVITZ, J. P. Contribuições ao estudo da gestão da inovação: proposição conceitual e estudo de casos. Tese (doutorado) – Escola de Engenharia de São Carlos, Universidade de São Paulo, São Carlos, SP, 2011.

STEWART, T. *Capital intelectual*. 3ª ed. Rio de Janeiro: Campus, 1998.

TARAPANOFF, K. (Org.). *Inteligência, informação e conhecimento em corporações*. Brasília: IBICT-Unesco, 2006.

TAURION, C. *Tecnologias emergentes*: mudança de atitudes e diferenciais competitivos nas empresas. São Paulo: Évora, 2015.

TIDD, J; BESSANT, J.; PAVITT, K. *Gestão da inovação*. 5. ed., Porto Alegre: Bookman, 2015.

TISSEN, R.; ANDRIESSEN, D.; DEPREZ, F. *Value-based knowledge management*. Amsterdam: Addison Wesley Longman, 1998.

TUSHMAN, M. L.; O'REILLY III, C. Organizational ambidextry in action: how managers explore and exploit. *California Mana-*

gement Review, Berkley, v. 53, n. 4, p. 5-22, verão 2011. Disponível em: <www.hbs.edu/faculty/Shared%20Documents/conferences/2015-strategy-research/Organizational%20Ambidexterity%20in%20Action.pdf>. Acesso em: 15 set. 2021.

VIANNA, M. et al. *Design thinking*: inovação em negócios. Rio de Janeiro: MJV Press, 2012.

WAENGERTNER, P. *A estratégia da inovação radical*: como qualquer empresa pode crescer e lucrar aplicando os princípios das organizações do Vale do Silício. São Paulo: Gente, 2018.

WERSIG, G.; NEVELLNG, U. The phenomena of interest to information science. *Information Scientist*, v. 9, 1975, p. 127-140.

WIIG, K. *People focused knowledge management*: how effective decision making leads to corporate success. Oxford: Elsevier / Butterworth-Heinemann, 2004.

Glossário

Algoritmo: conjunto de regras e operações definidas e destinadas à solução de um problema específico de forma procedural.

ANT (*actor-network*): uma corrente de pesquisa em ciência social, idealizada por Bruno Latour em 1981, que consiste em estudar novos fatos científicos e paradigmas de comunicação entre seres e coisas lógicas (ou físicas) humanos e objetos não humanos.

Automação cognitiva de processos: uso de robôs (*softwares*) para apoiar ou substituir (em algumas situações) não somente as tarefas repetitivas, mas também parte daquelas executadas pelos denominados trabalhadores do conhecimento (*knowledge workers*).

BAM (*business activity monitoring*): monitoramento de atividades de negócios, também denominado gerenciamento de atividades de negócios é o uso da tecnologia para definir proativamente e analisar oportunidades e riscos críticos em uma empresa.

Base de conhecimento (*knowledge basis*): captura e aplicação de conhecimento especializado para apoio à resolução de problemas em um domínio de negócio limitado.

Big data: conjuntos de dados muito grandes ou complexos, com os quais os aplicativos de processamento de dados tradicionais ainda não conseguem lidar. Os desafios dessa área incluem: análise, captura, curadoria de dados, pesquisa, compartilhamento, armazenamento, transferência, visualização e informações sobre privacidade dos dados.

Big data analytics: trabalho analítico e inteligente com grandes volumes de dados, estruturados ou não estruturados, que são coletados, armazenados e interpretados por *softwares* de altíssimo desempenho.

Blockchain: em tradução livre, é “cadeia de blocos”. A cada transferência que acontece, essas novas transações e informações são registradas em blocos. Esses novos blocos que estão sendo criados a todo momento se ligam ao bloco anterior, formando, então, uma cadeia de blocos.

BPMN (*business process model and notation*): notação gráfica usada no gerenciamento de processos de negócio para a diagramação dos fluxos de trabalho e que permite a automação do processo.

BPMS (*business process management suites)*: plataformas de *software* para automação da execução, controle e acompanhamento de processos na forma automatizada.

Brainstorming: processo de ajudar um grupo de pessoas a gerar ideias novas e diferentes, normalmente dividido em duas fases: divergência e convergência. Na fase de divergência, todos concordam em não criticar as ideias. Em outras palavras, todas as ideias são consideradas válidas. Já na fase de convergência, os participantes criticam as ideias apresentadas destacando, em primeiro lugar, o que eles acharam de positivo para, só depois, citar as ideias com as quais não concordam.

***Business intelligence* (BI)**: método que visa captar dados de diferentes sistemas de informação internos à organização ou dados de ambientes externos relacionados a clientes e fornecedores, concentrando-os em um local único – denominado *datawarehouse* – para sua recuperação e análise, visando à geração de informações relevantes para a gestão do negócio nos planos estratégico e tático gerencial.

Call center: local que faz e recebe um alto volume de ligações de clientes pelos mais diversos motivos, que é considerado o principal elo de relacionamento entre as empresas e seus consumidores. Com essa importância em mente, muitas organizações adotam o nome de Central de Atendimento ou Central de Relacionamento com Clientes.

Chatbot (chatterbot): junção de *chat* ou *chatter* (a pessoa que conversa) mais *bot*, abreviatura de *robot*. Trata-se de um programa de computador (trabalhador digital) cuja função é simular a conversação entre pessoas, reagindo a perguntas em linguagem natural e consultando uma base de conhecimento para interagir e responder.

Computação cognitiva: simulação dos processos do pensamento humano em um modelo computadorizado, utilizando algoritmos de autoaprendizagem que usam *data mining*, reconhecimento de padrões e processamento de linguagem natural.

Computação em nuvem: fornecimento de serviços de computação – servidores, armazenamento, bancos de dados, rede, *software*, análise e muito mais – pela internet ("a nuvem").

Contact center: termo criado recentemente para diferenciar as operações que possuem vários canais de interação com os clientes, isto é, realizam o atendimento por telefone, mas também se relacionam por *e-mail*, *chat*, SMS e redes sociais, entre outros canais.

Core business: expressão em inglês que significa "a parte central ou nuclear de um negócio ou de uma unidade de negócios".

Dados estruturados: dados baseados em números e guardados em um determinado formato para posterior recuperação com o propósito de gerar informação e conhecimento.

Dados não estruturados: não têm uma formatação específica, sendo constituídos principalmente por textos em formato livre, como um manual de procedimentos, um parecer a respeito de determinado assunto, registros de *e-mails* e comentários em redes sociais.

Data warehouse: significa, literalmente, "armazém de dados", o que resume sua função principal: um *data warehouse* concentra em um único espaço todas as informações geradas por diferentes fontes de uma organização. A partir dessa integração, é possível padronizar e unificar os dados, o que facilita o acesso a eles e a análise para geração de informações relevantes.

Design thinking: conjunto de técnicas de apoio a uma nova maneira de pensar e compartilhar soluções no contexto dos modelos de negócio inovadores.

Efetividade: relação equilibrada e otimizada entre os resultados alcançados e os objetivos propostos ao longo do tempo pelas organizações.

Eficácia: capacidade de realizar as atividades da organização de modo a alcançar os objetivos estabelecidos.

Eficiência: capacidade de realização das atividades da organização minimizando a utilização dos seus recursos.

Insight: substantivo com origem no idioma inglês e que significa compreensão súbita de alguma coisa ou determinada situação.

Inteligência: propriedade/habilidade atribuída a pessoas, como saber, pensar, conversar e aprender. Em síntese, envolve conhecimento associado à capacidade de perceber, processar, comunicar, julgar e aprender.

Inteligência artificial: subcampo interdisciplinar da ciência da computação, com o propósito de desenvolver técnicas e ferramentas para resolver problemas, seja de forma autônoma pelas máquinas ou em interação com as pessoas.

Machine learning: algoritmos para resolver uma natureza específica de problemas, a partir da observação de casos e situações práticas.

Mapa mental: técnica de estudo que consiste em criar resumos na forma gráfica, com o objetivo de organizar o conteúdo e facilitar a demonstração de associações entre as informações destacadas.

Mineração de dados *(data mining)*: processo de descoberta de informações acionáveis em grandes conjuntos de dados, usando análise matemática para derivar padrões e tendências que existem nesses dados.

Mineração de textos (*text mining*): processo que utiliza algoritmos capazes de analisar coleções de documentos de texto – tais como arquivos PDF, páginas web, documentos XML e campos de tabelas relacionais – com o objetivo de extrair conhecimento valioso.

Modelos mentais: representação conceitual e operacional, na mente, de situações que foram vivenciadas ou aprendidas a partir de outras fontes, como experiências passadas na execução de atividades similares ou treinamento formal específico.

Objeto discreto: quando relacionada à teoria do conhecimento, é uma entidade associada a "fatos" objetivos representados sob forma explícita que podem ser codificados e desvinculados das pessoas.

Objetos de fronteira (*boundary objects*): são elementos abordados na área da ciência da informação como objetos (concretos ou abstratos) usados como pontes de contato entre comunidades ou grupos, facilitando sua comunicação e entendimento. Vários tipos de objetos de fronteira são exemplificados na literatura, cada qual desempenhando um papel específico, dentro do papel mais geral, de articulação de compreensão e troca de conhecimento entre comunidades que partilham algum objetivo em comum.

Ontologia: representação formal do conhecimento mais elaborado, possibilitando modelar relações arbitrárias entre conceitos, bem como aquelas fundadas em propriedades lógicas e semânticas, de forma a conferir maior "inteligência aos sistemas computacionais que dela se utilizam.

Robô: máquina ou programa computacional planejado para executar uma ou mais tarefas repetidamente, com velocidade e precisão.

RPA (*robotic process automation*): gerenciamento da automação de partes ou atividades inteiras de processos de negócio. Com essa tecnologia, robôs de *software* executam uma sequência de passos de um trabalho, simulando o comportamento humano.

SAAS: sigla para *software as a service* (ou *software* como um serviço), é uma maneira de entregar sistemas e aplicativos pela internet e de armazenar e manipular dados.

Stakeholder: termo da língua inglesa que tem como significado "grupo de interesse". Fazem parte desse grupo pessoas que possuem algum tipo de interesse nos processos e resultados da empresa.

Taxonomia: representação do conhecimento na forma de categorias, classes, conceitos e relações entre elas, constituindo um plano de classificação hierárquico que vai do geral para o particular.

Tesauro: linguagem documentária caracterizada pela especificidade e pela complexidade existente no relacionamento entre os termos que fazem parte de um domínio de conhecimento especializado.

Trabalhadores digitais: "aplicações robôs" baseadas em algoritmos programados em algum tipo de linguagem que produzem maior escalabilidade no trabalho, padronização e rastreabilidade.

Autores

Newton Meyer Fleury
Doutor em ciências em engenharia civil, área de concentração em sistemas computacionais, pela Coppe/Universidade Federal do Rio de Janeiro, mestre em gestão e graduado em administração pela Escola Brasileira de Administração Pública e de Empresas (Ebape) da Fundação Getulio Vargas (FGV). Professor concursado da Universidade Federal Fluminense (UFF), onde atualmente é professor convidado da Faculdade de Administração e Ciências Contábeis. Professor convidado da Fundação Getulio Vargas (cursos MBA e FGV *on-line*), e conferencista do Curso de Altos Estudos de Política e Estratégia da Escola Superior de Guerra (ESG). Consultor técnico da FGV Projetos-Rio, diretor do Sindicato das Empresas de Informática do estado do Rio de Janeiro (TIRio). Pesquisador credenciado da Fundação Carlos Chagas de Apoio à Pesquisa (Faperj).

Luiz Lourenço de Mello Filho
Mestre em economia empresarial pela Universidade Candido Mendes (Ucam). Doutorando em ciência da informação pela Universidade de Brasília (UnB). Formou-se em informática na Universidade do Estado do Rio de Janeiro (Uerj), além de ser técnico em estatística na Escola Nacional de Ciências Estatísticas (Ence). Atua há mais de 20 anos na automação de processos e no

gerenciamento de conteúdo corporativo em plataformas ECM/BPM. Leciona disciplinas relacionadas à utilização de tecnologia, transformação digital em gestão por processos, *people analytics* e sistemas de informação como professor convidado em cursos de pós-graduação na Fundação Getulio Vargas (FGV) e na Universidade Federal Fluminense (UFF).